IELTS Listening

[기초다지기]

저자 **이수용**
- 영국 University of East Anglia 영문학 박사
- 영국 University of York 영문학 석사

저서
- IELTS 급상승 Reading 기초다지기
- 맨처음 토익 LC
- 스마트 비즈니스 영어회화
- 비즈니스 E-mail 트레이닝
- 기적의 영어 스피킹 패턴 180 등

IELTS Listening

[기초다지기]

저 자 이수용
발행인 고본화
발 행 반석출판사
2019년 2월 20일 초판 1쇄 인쇄
2019년 2월 25일 초판 1쇄 발행
홈페이지 www.bansok.co.kr
이메일 bansok@bansok.co.kr
블로그 blog.naver.com/bansokbooks

07547 서울시 강서구 양천로 583. B동 1007호
         (서울시 강서구 염창동 240-21번지 우림블루나인 비즈니스센터 B동 1007호)
대표전화 02) 2093-3399 **팩 스** 02) 2093-3393
출 판 부 02) 2093-3395 **영업부** 02) 2093-3396
등록번호 제315-2008-000033호

Copyright ⓒ 이수용

ISBN 978-89-7172-891-8 (13740)

IELTS 급상승 Listening

[기초다지기]

반석출판사
Bansok

머 리 말

IELTS 는 토익이나 토플 또는 이와 유사한 형태의 시험에 익숙해져 있는 대부분의 영어 학습자들에게는 다소 생소한 종류의 시험이다. 문제 유형과 답안 작성 과정이 기존의 시험과는 달라서, 사전 지식이나 준비 없이 시험에 응한다면 영어 실력이 뛰어난 학습자라고 하더라도 좋은 점수를 얻기는 어렵다. 그러므로 IELTS를 응시하려는 계획을 세웠다면 무엇보다도 문제 유형과 문제 풀이 방식에 익숙해지는 것이 최우선 과정이다.

본 교재는 IELTS를 처음 준비하는 학습자들을 위한 Listening Part 입문서이다. IELTS에 대한 기본 정보를 제공하고 Listening Test의 문제 유형을 체계적으로 분류 및 분석하여 효율적인 IELTS 대비 방법을 학습자들에게 알려주는 것을 주된 목적으로 한다. 교재의 내용은 IELTS Listening Test에 출제되는 문제들을 크게 7개 유형으로 나누었다. 그리고 각 Chapter당 한 개 유형을 다루어, 마지막 Chapter의 Actual Test와 함께 전체 8개 Chapter로 구성된다. 따라서 매주 1개 Chapter씩 꾸준히 학습한다면 8주 즉 2개월 이내에 학습을 완성시킬 수 있는 분량이다.

각 Chapter의 첫 부분은 intro part이다. 여기서는 유형별 특유의 학습 방법과 정답을 찾는 전략 등을 상세히 제공한다. 그리고 연습문제인 Exercise를 통해 이 전략을 실행에 옮기고 실전에 적응하는 훈련을 한다. Exercise는 실제 IELTS Listening Test의 주제별 출제 경향을 그대로 반영한 다양한 지문들로 구성된다. 따라서 본 교재의 Exercise들을 충실히 학습한다면 출제 경향에 대한 이해와 효율적인 문제 풀이 방법을 익힐 수 있다. 이와 동시에 다양한 주제의 Listening script를 통해 어휘력과 청취력을 배양하게 될 것이다. 특히 초보 학습자에게 적합한 Start Up Exercise → Basic Exercise → Advanced Exercise 그리고 Actual Test로 이어지는 단계적 학습 시스템을 통해 기초 단계에서부터 높은 난이도의 수준까지 점진적으로 발전해가는 자신을 발견하게 될 것이다.

영어 청취력을 향상시키기 위해 우리가 꼭 기억해야 하는 것은 청취력이란 단순히 소리를 감지하고 구별하는 기능만의 문제가 아니라는 점이다. 독해가 눈으로 읽는 행위라면 청취는 귀로 읽는 행위이다. 즉 청취력은 독해력과 마찬가지로 글 또는 말에 대한 이해력의 영역에 속한다. 읽어서 이해하지 못하는 텍스트는 들어서도 이해하지 못한다. 그러므로 청취력은 독해력과 밀접한 관계가 있으며 청취력 향상은 독해력 향상 없이 이루어지지 않는다.

그리고 또 한 가지, 청취에는 시간 제약이 따른다. Reading text와는 달리 Listening text 또는 Listening script는 한 번 들려진 후 사라져버린다. 그러므로 문장을 주어진 시간 내에 이해할 수 있는 빠른 독해 능력이 필요하다. 예를 들면 5분 동안 들려지는 Listening script를 이해하기 위해서는 그 script가 Reading text로 제공되었을 때 독자는 5분 또는 그보다 훨씬 더 짧은 시간에 읽고 이해할 수 있는 독해력을 갖추고 있어야 한다. 이 빠른 독해 능력은 특히 IELTS처럼 script의 내용이 긴 경우에 더욱 중요하다. 이 능력을 습득하기 위해서는 가능한 한 많은 글을 읽고 듣는 연습을 해야 한다. 그러므로 평소 영어 신문이나 잡지 그외 교양 서적을 읽어서 독해 능력을 향상시킴과 동시에, TV, 라디오, 영화 또는 인터넷 영상 등, 다양한 자료들을 통한 청취 연습을 꾸준히 할 것을 권한다.

아무쪼록 본서를 선택한 학습자들의 꾸준한 노력을 당부하며, 그 노력에 부응하는 분명한 성과가 있을 것이라 확신한다.

저자 이수용

C O N T E N T S

교재의 구성

본 교재는 IELTS Listening Test의 문제를 7개의 유형으로 나누었으며, Listening 실전 문제 1회분(4개 섹션, 40개 문항)을 뒤에 수록하였다. Part 2의 각 chapter의 구성은 다음과 같다.

General Rules

각 chapter의 introduction에 해당하는 부분으로 문제 유형에 관한 소개 및 설명이다. 지시문의 예가 제시되고 문제의 개요 및 정답을 찾는 방법에 관해 개괄적으로 설명한다.

문제 풀이 Tips

문제 유형에 따라 정답을 찾기 위한 가장 효율적인 방법을 구체적이고 상세하게 제시한다.

유의 사항

문제 풀이 과정에서 응시자들이 주의해야 할 사항이나 간과하거나 실수하기 쉬운 부분에 대해 항목별로 설명한다.

Start-up Exercise

유형별 연습 문제의 표본이다. 녹음 스크립트와 문제가 제시되고 해설 파트인 How to approach에서 정답을 찾아가는 방법 및 요령을 상세하게 설명한다. 연습 문제인 Exercise를 학습하기 위한 예비 단계로 문제 유형에 따라 정답을 찾는 논리 및 추리 과정을 익힌다.

Basic Exercise

유형별 연습 문제이다. 각 chapter마다 4개의 Exercise가 제공된다. 녹음 script의 길이는 뒤로 갈수록 길어진다. 다양한 주제를 다룬 내용으로 어휘력 및 청취력을 배양하고, 문제 유형에 따른 해결 방법을 익힌다.

Advanced Exercise

실제 IELTS의 listening script 분량에 근접하는 긴 script를 다룬다.

Part 1

Introduction

IELTS란?

IELTS Listening Test

청취 요령 및 답안 작성 시 주의 사항

IELTS란?

IELTS(아이엘츠)는 International English Language Testing System의 약자로 미국, 호주, 영국, 캐나다, 뉴질랜드 등 영어권 국가로 유학, 이민, 또는 취업을 희망하는 사람들의 영어능력을 평가하기 위해 개발된 국제공인 영어능력평가 시험이다. IDP에듀케이션 산하기관 IELTS Australia와 캠브리지 대학 어학 평가원(Cambridge English Language Assessment), 영국 문화원(British Council)에서 공동으로 IELTS를 개발, 관리, 및 운영한다.

IELTS는 듣기, 읽기, 쓰기, 말하기 네 가지 언어능력을 고루 측정하여 응시자의 종합적인 영어실력을 가장 효과적으로 변별해낼 수 있다는 점을 장점으로 한다. 특히 말하기 시험은 시험관과 일대일 인터뷰 형식으로 치러지므로 그 어떤 다른 시험보다 실질적인 영어 의사소통 능력 평가가 가능하다.

IELTS는 정교하게 만들어진 평가기준을 활용하여 초보에서부터 원어민 수준에 이르기까지 응시자의 다양하고 광범위한 영어 사용 능력을 평가하고 있다. 현재 IELTS는 세계 140개 이상의 국가에서 시행되고 있으며 한 해 300만 이상이 응시하고 있다. 이 숫자는 전 세계 모든 영어 시험중 가장 많은 응시자 수에 해당한다. IELTS는 전세계 10,000여 개의 교육기관, 정부기관 및 단체 등에서 활용되고 있으며, 미국내에서만 3,000여 개의 대학 및 교육기관에서 영어능력을 평가하는 지표로 사용되고 있다.

시험유형

IELTS는 응시 목적에 따라 IELTS Academic과 IELTS General Training 두 가지 유형으로 구분된다.

Academic
Academic은 대학 및 대학원 입학 등 유학을 목적으로 하는 학생들을 주 대상으로 한다. 학교 입학 전 영어의 4가지 영역 중 취약한 영역을 정확하고 쉽게 파악할 수 있으며, 또는 입학 자격에 미달되었을 경우 현재의 점수를 참고하여 어느 정도의 영어 연수가 필요한지 파악할 수도 있다.

General Training
General Training은 호주, 뉴질랜드 및 캐나다로 이민을 가고자 하는 사람들의 영어능력을 평가하기 위한 목적으로 시행된다. 또는 영어권 국가에서 중등교육을 이수하고자 하거나 전문주립대 입학, 직업교육 프로그램을 시작하려는 이들에게 적합한 시험이다. General Training은 직장 및 일상적인 사회 생활에 필요한 기본적인 영어능력 평가에 중점을 둔다.

시험 구성

시험 구성은 Academic과 General Training이 동일하다.

Listening	4개 section, 40문항 / 30분
Reading	3개 section, 40문항 / 60분
Writing	2개 task (150–250 단어) / 60분
Speaking	3개 part / 11~14분 *원어민과 1대1 대화 형식이며 Test의 내용은 모두 녹음된다.

Listening

Listening Test는 4개 섹션, 40문항으로 이루어지며 30분간 진행된다. 전반부는 일상생활과 관련된 내용의 대화이며, 후반부는 학술적인 내용의 대화 및 강의가 문제로 출제된다. 예를 들면, 연구과제에 관한 교수와 학생들 간의 대화나 수업 또는 학술회의에서의 강연 등이 될 수 있다. 대화 참가자는 최고 네 명까지 될 수 있다. 문항은 다지선다, 문장 완성, 내용 요약, 또는 도표나 테이블의 완성 등으로 구성된다.

Reading

Reading Test는 3개 섹션, 40문항이 출제되며 60분 동안 진행된다. Academic과 General training으로 나누어진다.

Academic Reading

각 섹션은 하나의 긴 지문으로 이루어진다. 지문은 서적, 학술지, 잡지 또는 신문 등에서 발췌된 것으로 학문적 내용을 주제로 다룬다. 일반적인 관심사를 바탕으로 비전문가들을 위해 쓰여진 내용들이 선택되며 학부나 대학원 과정을 공부하거나, 전문적인 직업을 찾는 응시자들에게 적합하다. 도표, 그래프, 그림과 같은 비언어적인 자료들이 포함될 수도 있다. 지문에 전문 용어가 포함되어 있을 경우 간단한 용어 해설이 함께 제공된다.

General Training Reading

지문은 회사 안내 책자나 공고문, 광고, 문서, 서적, 잡지, 또는 신문 등에서 발췌된다. 영어권 국가에서 생활할 때 일상에서 접할 수 있는 내용들이다. 보편적인 업무나 일반적인 관심사를 주제로 한다.

Writing

Writing Test는 2개 task로 60분 동안 진행된다. Academic과 General Training의 두 유형으로 분류되며, 각 task는 다시 task 1과 task 2로 나누어진다.

Academic Writing

Task 1)
그래프, 도표, 차트, 또는 그림 등이 주어진다. 응시자는 이 자료를 토대로 데이터를 비교 및 분석하여 기술해야 한다.

Task 2)
주어진 주장이나 질문에 대한 해결책 또는 견해를 제시해야 한다. 학부나 대학원 과정에서 공부하거나 또는 전문직에 종사하는 사람들이 일반적으로 접할 수 있는 내용이 문제로 제시된다.

General Training Writing
Task 1)
정보를 요청하거나 상황을 설명하는 편지글을 작성해야 한다. 편지글은 어떤 형식으로 써도 무방하다.
Task 2)
주어진 주장이나 질문에 대한 해결책 또는 견해를 제시해야 한다. 일상생활 또는 일반적인 관심사를 주제로 한 내용들이 문제로 제시된다.

Speaking
Speaking Test는 시험관과 응시자의 일대일 인터뷰 방식으로 진행된다. Test는 3개 part로 구성되며 소요 시간은 약 11~14분 정도 걸린다. 일상적인 정보 및 경험에 대한 의사소통 능력과 주어진 주제에 대한 의견을 적절한 언어를 사용하여 논리적으로 표현할 수 있는 능력을 평가한다.
Part 1 (4~5분)
시험관과 응시자가 소개하는 시간을 갖고 응시자의 신분을 확인한다. 고향, 가족, 직업, 학업, 관심사 등 친숙한 주제에 관한 질문을 받는다.
Part 2 (3~4분)
특정 주제 및 그와 관련된 요점이 적힌 카드를 받는다. 메모할 수 있는 종이와 연필이 주어지며 1분 동안 준비한 후, 주제에 관해 1~2분 동안 말해야 한다. 동일한 주제에 관해 한두 개의 추가 질문을 받을 수 있다.
Part 3 (4~5분)
Part 2의 주제와 관련된 조금 더 추상적인 주제나 의견에 대해 심층적인 토론을 한다.

점수 구분

성적은 각 영역별로 1점에서 9점까지 주어진다. 성적표는 각 분야별 점수(Band Score)와 평균(Overall)이 기록된다.

IELTS 등급점수표

Band 9	Expert User 영어를 완전히 이해함과 동시에 정확하고, 적절하며, 유창하게 구사할 수 있는 능력이 있음을 의미한다. IELTS에서 받을 수 있는 최고 점수이다.
Band 8	Very Good User 낯선 상황에서 의사소통의 오해가 발생할 수 있지만 부정확하거나 부적절한 언어 사용이 적고, 복잡하고 상세한 토론을 충분히 잘 이끌어갈 수 있는 수준을 의미한다.

Band 7	Good User 가끔 부정확하거나 부적절한 언어를 사용하지만, 일반적으로 복잡한 언어를 구사할 수 있으며 상세한 추론을 이해할 수 있는 수준을 의미한다.
Band 6	Competent User 부정확하거나 부적절한 언어를 사용하고 의사소통을 할 때 종종 오해가 발생하지만, 일반적으로 효과적인 언어를 구사하며, 친숙한 상황에서는 복잡한 언어를 사용하고 이해할 수 있는 수준을 의미한다.
Band 5	Modest User 언어 사용에 실수가 많고 전반적인 의미 전달에 어려움이 있는 부분적인 언어사용 능력을 가지고 있다. 자신에게 친숙한 분야에 대해서는 기본적인 의사소통이 가능한 수준이다.
Band 4	Limited User 친숙한 몇 가지 상황에서만 제한적으로 언어 구사가 가능하고, 내용의 이해나 표현에 있어 오류가 빈번하며, 복잡하고 어려운 언어를 사용하지 못하는 수준을 의미한다.
Band 3	Extremely Limited User 매우 친숙한 상황에서 단순한 의미 전달과 이해가 가능한 수준을 의미한다. 대화 중 의사소통에 실패하는 경우가 빈번하다.
Band 2	Intermittent User 친숙한 상황에서 단순한 단어 나열이나 짧은 형태의 기본적인 의사표현을 제외하고는 거의 의사소통이 불가능하며, 영어로 말하거나 쓰여진 내용을 이해하지 못하는 수준을 의미한다.
Band 1	Non User 단순한 단어를 나열하는 것 이상의 실질적인 언어 구사 능력이 없다고 판단되는 수준이다.
Band 0	Did not attempt the test 시험에 결시하여 평가할 수 없는 경우에 해당한다.

IELTS 지원 및 일정

IELTS 접수	온라인 접수: www.ieltskorea.org
IELTS 준비	온라인 접수 시 제공되는 무료 온라인 학습자료 이용
D-4	접수사이트 장소 공지 게시판에서 시험장소 확인
D-2	이메일로 공지되는 스피킹 시험 시간 확인
D-Day	시험장에 8시 15분까지 도착 준비물: 여권, 연필, 지우개
D+13	온라인 성적 확인 시험일에 선택한 방법으로 성적표 수령

*시험 결과는 시험 2주 후 우편으로 발송되며 시험 성적의 유효기간은 2년이다.

시험의 취소 및 연기
시험일 2주 전(시험일 제외)까지 신청할 수 있으며, 규정에 명시된 수수료를 지불해야 한다. 사고 또는 불가항력적인 입원 및 수술로 인해 결시한 경우에만 시험일로부터 5일 이내에 진단서를 제출하면 응시료의 75% 환불 또는 연기 가능 여부를 심사받을 수 있다.

* 기타 상세한 사항은 http://www.ieltskorea.org에서 찾을 수 있다.

자료 출처
https://ko.wikipedia.org/wiki/IELTS
https://www.ielts.org/about-the-test/test-format
http://www.ieltskorea.org/exam_intro/exam_intro.asp

IELTS Listening Test

개요

IELTS Listening Test는 영어 청취력을 검정하기 위한 Test이다. Reading Test와는 달리 Listening Test는 Academic module과 General module의 구분 없이 모두 동일한 문제가 출제된다. 녹음 대본은 영국, 미국, 캐나다, 호주 등 다양한 나라의 발음과 억양으로 들려진다. 이 중에서도 특히 영국식 영어 발음의 출제 빈도가 높다.

시간

시험 소요시간은 총 40분이다. 녹음을 듣고 시험을 치르는 시간은 30분이다. 그리고 녹음이 끝난 후 답안 작성 시간 10분이 별도로 주어진다.

Listening Script

스크립트는 다양한 주제의 대화 또는 담화의 형태로 제공된다. 첫 두 섹션은 여행이나 식사 약속 등 일상 생활에서 접할 수 있는 내용이 주로 출제되며, 나머지 두 섹션은 학문이나 교육 또는 비즈니스 업무 등의 내용을 다룬다. 그러나 특정 분야의 전문 지식을 묻는 것이 아니므로, 응시자의 전공이나 전문 분야와 상관없이 답할 수 있는 일반적이고 보편적인 내용이다. 문제의 난이도는 뒤로 갈수록 조금씩 더 어려워진다. Listening script의 분량은 약 700에서 800단어이다.

문항 수 및 점수 체계

문항 수는 40문제로, 4개 섹션으로 나누어지며, 각 섹션당 10개의 문제로 구성된다. 경우에 따라 한 섹션이 두 개의 서브 섹션으로 나누어져서 진행될 수도 있다. 점수 체계는 1문항당 1점이며 9점 만점에 0.5점 단위로 평가한다.

문제 유형

객관식 선택(Multiple Choice), 짧은 단답형(Short Answer), 문장 완성(Sentence Completion), 연결 및 분류(Matching/Classification), 지도 완성(Map Completion), 노트 및 도표 완성(Note/Table Completion), 그리고 도해 및 순서도(Chart/Flow-chart) 등으로 나누어진다.

1. Multiple Choice

녹음을 듣고 그 내용에 근거하여 질문에 대한 바른 답변이 되는 단어, 구 또는 문장을 선택지(A, B, or C)에서 고르는 문제이다. 질문 형태는 크게 두 가지로 나뉜다. 첫째는 short answer 유형으로 의문문으로 된 질문과 함께 선택할 수 있는 보기가 제시된다. 둘째는 sentence completion 유형으로 빈칸이 있는 문장이 문제로 제시된다.

2. Short Answer

질문에 대한 주관식 단답형의 대답을 요구하는 문제이다. 먼저 지시문을 읽고 정답으로 기록해야 하는 정확한 단어 수를 확인해야 한다.

3. Sentence Completion

녹음을 듣고 문장의 빈칸에 들어갈 알맞은 표현을 찾아 기록하는 문장 완성 문제이다. 테스트 응시자의 청취력과 문법 지식을 함께 요구하는 문제이다.

4. Matching/Classification

Matching은 녹음을 듣고 세부 정보를 파악하여 관련된 사항들을 서로 연결시키는 문제이다. Classification도 연관된 정보끼리 연결시킨다는 점에서 Matching과 유사한 유형이다. 일반적으로 Matching은 문제 수보다 많은 선택 항목이 제공되며, Classification에서는 문제 수보다 선택 항목 수가 적어 어떤 항목은 한 번 이상 사용된다. 답안을 찾는 과정과 방법에 있어서는 큰 차이가 없다.

5. Map Labelling

지도나 도표에 있는 빈칸에 들어갈 말을 녹음을 듣고 찾는 문제이다. 대화나 담화는 주로 지명 또는 랜드마크가 있는 방향이나 위치에 대한 설명으로 이루어진다. 테스트 응시자는 이 대화나 담화를 통해 제공되는 정보에 근거하여 지도나 도표의 빈칸이나 문제 번호로 표시된 주요 지형 지물의 이름을 찾아 기록해야 한다.

6. Note/Table Completion

대화나 담화에서 제공되는 정보 중에서 필요한 사항을 선별해서 듣고 기록하는 능력을 테스트하는 문제이다. 주 과제는 녹음을 통해 들려지는 내용의 요점이나 중요 사항이 기록된 메모, 쪽지 또는 목록 등의 빈칸에 들어갈 적절한 단어나 숫자를 기록하는 것이다. 메모나 목록을 보고 빈칸, 즉 누락된 정보의 종류를 미리 예측하는 능력과, 녹음 내용을 듣고 질문이 요구하는 특정 정보를 정확히 찾는 능력이 필요하다.

7. Flow-chart Completion

어떤 과정 또는 사건이 진행되는 순서나 단계를 나타내는 도표의 빈칸을 채우는 문제이다. 응시자의 과제는 도표나 도해, 즉 chart, diagram, graph 또는 table 등의 빈칸을 녹음 내용에 근거하여 적절한 표현으로 기록하는 것이다. 진행 순서는 선이나 화살표 또는 번호 등으로 표시될 수 있다. 녹음 내용에서 정답을 찾는 주관식 문제이거나 또는 박스에 든 보기에서 정답을 선택하는 객관식 문제로 출제된다.

청취 요령 및 답안 작성 시 주의 사항

청취가 시작되기 전

녹음 청취가 시작되기 전 질문을 읽을 수 있는 시간이 주어진다. 이 시간을 이용하여 질문의 내용을 파악하고 예상 답안의 유형을 미리 분석해야 한다.

1. 먼저 질문의 키워드를 파악한다. 대부분의 키워드는 동사나 명사 중에 있다.
2. 지시문과 질문에서 대화의 상황이나 담화의 주제 등 파악 가능한 정보를 최대한 수집한다.
3. 질문이 요구하는 답안의 유형을 파악한다. 답안은 사람 및 사물의 명칭이나 숫자 또는 형용사 등의 수식어구가 될 수 있다.

청취가 시작된 후

1. 녹음은 한 번밖에 들려지지 않으므로 정보가 들려지는 즉시 정답을 선택해야 한다.
2. 부정어에 주의한다; no, not, few, seldom, 또는 hardly 등의 표현을 듣지 못하면 상황을 전혀 반대로 이해할 수 있다.
3. 접속사나 연결어를 정확히 이해해야 한다; however 또는 although 등의 접속사는 종종 먼저 언급했던 상황을 반전시키기 위해 사용된다.
4. Reading Test에서와 마찬가지로 Listening Test에서도 동의어에 대한 이해는 매우 중요하다. 질문에서 사용된 단어가 녹음 스크립트에서는 같은 의미의 다른 단어나 표현을 사용하는 경우가 많다.
5. 항상 다음 문제에 대한 정보에 귀를 열어두어야 한다. 한 문제에만 집중하다 다음 문제에 대한 정보를 놓칠 수가 있다.

답안을 작성할 때

1. 항상 철자법에 주의한다. 그러나 대소문자는 정답 여부에 영향을 주지 않는다.
2. 모든 질문에 빠짐 없이 답해야 한다. 정답을 모르는 경우는 논리적 추리를 통해 답한다.
3. 어떤 경우에도 지시문이 요구하는 단어 수를 초과해서는 안 된다.

Part 2

Multiple Choice

Multiple choice는 녹음을 듣고 그 내용에 근거하여 질문에 대한 바른 답변이 되는 단어, 구 또는 문장을 선택지(A, B, or C)에서 고르는 문제이다.

지시문의 예: Choose the correct letter A, B, or C.

Multiple choice의 질문 형태는 크게 두 가지로 나뉜다.

① short answer 유형으로 의문문으로 된 질문과 함께 선택할 수 있는 보기가 제시된다. 응시자는 청취한 녹음의 내용에 근거하여 질문에 대해 가장 적절한 대답이 될 수 있는 단어나 표현을 선택지에서 찾아야 한다.

예: What color does the woman like?

A White

B Red

C Black

② sentence completion 유형으로 빈칸이 있는 문장이 문제로 제시된다. 응시자의 과제는 녹음의 내용에 근거하여 문장을 완성시킬 수 있는 적절한 표현을 보기에서 찾는 것이다.

예: The man wants to go by _____

A bus

B taxi

C train

정답의 수는 하나 또는 여러 개가 될 수 있다.

일반적으로 3개의 보기에서 하나의 정답을 찾는 문제가 주로 출제된다. 그러나 때로는 복수의 답을 요구하는 문제가 출제되기도 한다. 가령 5개의 선택지에서 2개의 정답을 선택하거나, 7개의 선택지에서 3개의 정답을 요구할 수도 있다. 그러므로 녹음이 시작되기 전에 지시문을 잘 읽어서 몇 개의 정답을 선택해야 하는지 정확히 파악해야 한다.

문제 풀이 Tips

1. 지시문을 읽고 문제 유형을 확인한다.

2. 질문을 읽고 무엇을 요구하는 문제인지 파악한 후, 키워드를 선택한다.

3. 선택지를 읽는다. 선택지에서 중요하다고 생각되는 표현을 키워드로 선택한다. 선택한 키워드의 동의어 또는 paraphrase한 표현을 예상한다.

4. 청취할 때 키워드 또는 동의어에 귀를 기울인다.

5. 첫 진술에서 정답이 나왔다고 해서 성급하게 답을 결정해서는 안 된다. 질문이 요구하는 특정 사항에 대한 진술이 모두 끝날 때까지 기다려야 한다. 처음에 정답으로 들렸던 사항이 다음에 이어지는 진술에 의해 반전 또는 예외 조항이 되어 정답에서 배제되는 경우가 종종 있기 때문이다.

6. 정답으로 판단되면 일단 문제지의 해당 선택란에 동그라미 또는 √ 등으로 표시를 한 다음, 최종 확신이 들 때까지 청취를 계속한다. 정답이 아닌 것이 확실한 보기는 줄을 긋거나 / 등의 표시로 고려 대상에서 제외하는 것도 효율적 방법이다.

7. 특히 Listening Test는 시간 안배가 무엇보다도 중요하다. 따라서 한 문제에 필요 이상으로 시간을 지체해서는 안 된다. 만약 답을 결정하지 못했다면, 빈칸으로 두지 말고 논리적인 추측을 해서 답을 선택한 후 다음 문제로 넘어가야 한다.

유의 사항

1. 녹음이 시작되기 전, 미리 지시문과 문제를 읽는다. 만약 둘 이상 복수의 정답을 찾아야 하는 문제라면 요구되는 정답의 수에 밑줄을 치거나 highlight시켜서 눈에 띄게 한다.

2. 녹음은 한 번밖에 들려주지 않는다. 녹음을 들으면서 필요한 간단한 메모를 할 수 있다. 문제의 순서는 녹음에서 들려주는 정보의 순서와 동일하다.

3. 청취 중 but, however 또는 therefore와 같은 표현으로 연결되는 어구나 문장에 특히 집중한다. 영어의 논리적 흐름상, 이런 표현 다음에 정답에 대한 단서가 제공되는 경우가 많다.

4. 화자가 언급한 표현이 모두 정답이 되지는 않는다. 예를 들면 세 가지 선택 사항이 보기로 제시된 경우, 녹음의 대화 또는 진술에서 이 세 가지 사항이 모두 언급되는 경우가 많다. 그러므로 화자가 먼저 언급한 단어나 표현이 정답이 되는 것이 아니라, 녹음의 내용에 근거하여 정답을 선택해야 한다.

5. 녹음에서 사용된 표현 그대로가 정답이 되는 경우는 드물다. 정답을 찾기 위해서는 동의어나 paraphrasing한 표현을 잘 이해해야 한다. 그러므로 항상 같은 뜻의 유사한 표현에 주의를 기울이고 또 이를 식별할 수 있는 능력을 길러야 한다.

6. 답안지에 답을 기록하기 전, 지시문이 어떤 형식의 답을 요구하는지 확인해야 한다. 대부분의 경우 정답은 단어나 구가 아니라 그 표현이 들어 있는 보기의 알파벳 글자를 기록할 것을 요구한다.

7. Multiple Choice Listening은 단순한 청취력이 아니라 이해력과 추리력을 함께 필요로 하는 문제이다. 이 점에 있어서 듣고 이해하는 과정은 시각적인 텍스트만 없을 뿐 궁극적으로 읽어서 이해하는 것과 동일한 사고 과정을 거친다. 따라서 많은 글을 읽는 연습은 listening 능력을 배양하기 위한 매우 중요한 학습 과정임을 잊어서는 안 된다.

Exercise

Start-up Exercise

Choose the correct letter, A, B, or C.

Q   Which bus stop should the woman get off at?
   A Russell art gallery
   B Queen Street
   C Chestnut Avenue

How to approach

1. 녹음이 시작되기 전에 지시문과 질문을 미리 읽는다.

   문제 유형은 Multiple Choice이며 질문은 여자가 내려야 하는 버스 정류소가 어디인지 묻는 질문이다:
   Which bus stop should the woman get off at?(여자는 어느 버스 정류소에서 내려야 하나요?)
   그러므로 녹음을 청취할 때 버스 정류소에 관해 언급되는 부분에 집중해야 한다. 이와 함께 선택
   사항으로 제시된 답안도 미리 읽어두어야 청취할 때보다 더 쉽게 내용을 이해할 수 있다:
   A Russell art gallery(러셀 미술관)
   B Queen Street(퀸 스트리트)
   C Chestnut Avenue(체스닛 에브뉴)

2. 내레이터의 진술에 의해 여자가 남자에게 길을 묻고 있는 상황이 전개된다는 것을 알 수 있다:

   Narrator: ⋯ The woman is asking the man for directions.

3. 대화의 첫 부분, 목적지가 어디인지 묻는 남자의 질문과 이에 대한 여자의 대답에서 정답에 대한 단서
   를 기대할 수 있다:

   Man:　　⋯ Where do you want to go?
   Woman:　I want to go to the Russell art gallery.
   여자가 가고자 하는 장소는 러셀 미술관이다. 보기 A의 러셀 미술관과 일치하므로 정답이 될 가능성이
   있다. 그러나 여기서 성급하게 정답을 선택하기 전에, 녹음을 계속 청취하여 반전이나 다른 부연
   설명이 없는지 확인해야 한다. 만약 녹음을 더 청취해도 버스 정류소에 관한 더 이상의 언급이 없다면
   A가 정답이 될 수 있다.

4. 대화의 후반, 남자가 미술관까지 가는 데 걸리는 시간과 버스 정류소에 관해 설명하는 내용이 들린다.
   러셀 미술관은 다섯 정류소 거리이며 그곳에 가기 위해 여자가 내려야 할 버스 정류소는 퀸 스트리트
   라고 말한다. 보기 C의 체스닛 에브뉴는 퀸 스트리트에 가기 바로 전에 있는 정류소이다. 따라서 정답
   은 B가 된다:

   Man:　　⋯ It is only five stops away. You should get off at Queen Street. It is next to
   　　　　　Chestnut Avenue bus stop.

Listening Script

You will hear a conversation between a man and a woman. The woman is asking the man for directions.
Listen carefully and answer the question.

Woman: Excuse me. Can you tell me how often the buses come around here?

Man: It depends on bus numbers, but most of them come every fifteen or twenty minutes. Where do you want to go?

Woman: I want to go to the Russell art gallery. Do you know which bus is going there?

Man: Several buses are going in that direction. You can take either bus number 201 or 205. The buses come every fifteen minutes.

Woman: I see. Thanks. By the way, is the gallery far from here? How long does it take to get there?

Man: It is not very far from here. I think it will probably take less than twenty minutes. It is only five stops away. You should get off at Queen Street. It is next to Chestnut Avenue bus stop. Ah, look. The bus is coming. It is number 201. You can take that bus.

Woman: OK, I got it. Thank you so much for your help.

Man: You are very welcome.

여러분은 한 남자와 한 여자 간의 대화를 듣게 될 것입니다. 여자가 남자에게 길을 묻고 있습니다. 잘 듣고 질문에 답하세요.

여자: 실례합니다. 여기 버스가 얼마나 자주 오나요?

남자: 버스 노선에 따라 달라요, 하지만 대부분의 버스는 15분 또는 20분마다 옵니다. 어디로 가십니까?

여자: 러셀 미술관에 가려 합니다. 어느 버스가 그곳으로 가는지 아세요?

남자: 그 방향으로 가는 버스가 몇 대 있습니다. 201번 버스나 205번 버스를 타시면 됩니다. 그 버스들은 15분마다 옵니다.

여자: 알겠습니다. 고마워요. 그런데, 미술관이 여기서 먼가요.? 그곳까지 가는 데 시간이 오래 걸립니까?

남자: 멀지 않아요. 아마 20분이 채 걸리지 않을 겁니다. 다섯 정거장 떨어져 있어요. 퀸 스트리트에서 내리셔야 합니다. 체스넛 에브뉴 버스 정류소 다음입니다. 보세요. 버스가 오고 있군요. 201번 버스군요. 저 버스를 타시면 됩니다.

여자: 알겠어요. 도와주셔서 고마워요.

남자: 괜찮습니다.

A, B, C에서 적절한 글자를 고르시오.

Q 여자는 어느 버스 정류소에서 내려야 하는가?
   A 러셀 미술관
   B 퀸 스트리트
   C 체스넛 에브뉴

정답: B

Basic Exercise

1

Choose two letters, A–E.

1 The woman wants to buy the fridge because
   A it is very durable
   B it is the latest trend
   C it is energy efficient
   D it comes with a long warranty
   E its colour goes well with her kitchen

Choose the correct letter, A, B, or C.

2 What is the main concern of the man in buying a fridge?
   A Size
   B Design
   C Energy efficiency

(**Vocabulary**)

refrigerator 냉장고   stylish 멋진, 현대식인   storage space 저장 공간   the latest model 최신 모델   rating 등급, 비율   energy efficiency 에너지 효율

A young couple are looking around in an electronics store. They went there to buy a new refrigerator but have a disagreement over which one they should choose.

First you have some time to look at questions 1 and 2.

(10 seconds)

Listen carefully and answer the questions.

Woman: Come here, John. Look at this model. What a stylish one it is!

Man: Yes, it looks nice. Let me see inside.

The man opens the fridge door and inspects inside of it.

Man: Hum ⋯ I like its size. It is not too big but has enough storage space in it.

Woman: I think its colour will match that of our kitchen well.

Man: Yes, I agree with you, but ⋯

Woman: Then let's buy this one.

Man: Don't rush please, Jessica. I am not sure whether it is a suitable type for us.

Woman: Type? What do you mean by that? I don't see anything wrong with it. I especially like the design. I am quite sure it is the latest model.

Man: Well ⋯ design is not what I am concerned about. Please give me a little more time ⋯ Have you checked its energy rating?

Women: Energy rating? What does that mean? I thought all refrigerators had the same rating.

Man: No, they don't. It can be anywhere from A to G, which is an indication of the refrigerator's energy efficiency. I want A, or B at the very least.

해석

한 젊은 부부가 가전제품 매장 안을 구경하고 있습니다. 그들은 냉장고를 새로 구입하려 합니다. 그러나 어느 것을 선택할지에 관해 서로 의견이 서로 다릅니다.
먼저 질문 1과 2를 살펴볼 시간이 잠시 주어집니다.
(10초)
잘 듣고 질문에 답하세요.

여자: 이쪽으로 오세요, 존. 이것 좀 봐요. 정말 멋진 냉장고네요!
남자: 괜찮아 보이는군요. 안을 좀 봅시다.

남자는 냉장고 문을 열고 안을 살펴봅니다.

남자: 흠 … 크기가 마음에 드는군요. 너무 크지도 않고 충분한 저장 공간도 있고.
여자: 내 생각엔 이 색상이 우리 부엌 색상과 잘 어울릴 것 같아요.
남자: 나도 동의해요, 하지만 …
여자: 그러면 이것을 구입해요.
남자: 서두르지 마세요. 나는 이것이 우리에게 적합한 종류인지 모르겠군요.
여자: 종류라는 게 무슨 의미인가요? 나는 아무런 이상을 찾을 수 없어요. 나는 디자인이 특히 마음에 들어요. 요즘 최신 모델이 확실해요.
남자: 글쎄요 … 디자인을 걱정하는 것은 아니고요. 조금 더 생각해봅시다 … 에너지 효율 등급을 확인해보았나요?
여자: 에너지 효율이라고요? 무슨 말이죠? 나는 모든 냉장고는 등급이 같을 줄 알았는데요.
남자: 그렇지 않아요. 등급은 A에서부터 G까지 중의 어느 하나일 겁니다. 이 등급은 냉장고의 효율을 나타내는 표시지요. 나는 A 혹은 적어도 B등급을 원해요.

A-E에서 두 글자를 고르시오.
1 여자는, 이 냉장고를 사기를 원하는 이유는
  A 내구성이 있기 때문이다
  B 최신 유행이기 때문이다
  C 에너지 효율이 좋기 때문이다
  D 보증 기간이 길기 때문이다
  E 색상이 그녀의 부엌에 잘 어울리기 때문이다

A, B, C에서 적절한 글자를 고르시오.
2 냉장고를 사는 데 남자의 주된 관심사는 무엇인가?
  A 크기
  B 디자인
  C 에너지 효율

정답: 1. B, E 2. C

PART 2

Chapter 1

Chapter 2

Chapter 3

Chapter 4

1. 디자인과 색상은 여자의 관심사이며 가격은 대화에서 언급되지 않았다.

   Woman: I think its colour will match that of our kitchen well. / … I especially like the design. I am quite sure it is the latest model.

2. 정답에 대한 단서는 대화의 마지막에 제시된다. 남자가 알고자 하는 것은 냉장고의 에너지 등급 표시이다. 그는 가장 에너지 효율성이 높은 제품을 선택하고자 한다:

   Man: … Have you checked its energy rating? / … It can be anywhere from A to G, which is an indication of the refrigerator's energy efficiency. I want A, or B at the very least.

2

Choose the correct letter, A, B, or C.

1   According to the speaker, popcorn is
    A a staple food
    B a healthy food
    C a fatty food

2   Who brought popcorn to Europeans?
    A Mexicans
    B Peruvians
    C Native Americans

Vocabulary

annually 매년   grain 곡물   tomb 무덤, 묘   staple 주된, 주요한   staple food 주식

You will hear a speaker talking to his audience about popcorn.
First you have some time to look at questions 1 and 2.
(10 seconds)
Listen carefully and answer questions 1 and 2.

Popcorn is one of the most popular snack foods in the world. It also contains a number of essential nutrients and offers a variety of health benefits. Five hundred million kg of popcorn are consumed in the United States annually. This means that the average American eats about two hundred cups of popcorn each year.

Do you know that popcorn is one of the oldest snack foods? The oldest popcorn was found in New Mexico. It is believed to be approximately 5,600 years old. Ancient grains of popcorn were also discovered in tombs on Peru's east coast. These grains have been so well preserved that some of them still pop after thousands of years.

Popcorn was a staple food of the 16th century Aztec Indians and played an important role in their lives. They used popcorn not only as a food, but also in religious rituals and observations. Popcorn was first introduced to Europe by Native Americans. The Europeans served it with milk and sugar for breakfast. This was the first breakfast cereal.

The popularity of popcorn still keeps on increasing. According to research, the worldwide popcorn market is expected to reach about 15 billion dollars in a few years. We know popcorn dates back thousands of years. At the same time, we believe it will be around for thousands more years.

해석

여러분은 팝콘에 관해 청중에게 설명하는 화자의 말을 듣게 될 것입니다.
먼저 질문 1과 2를 살펴볼 시간이 잠시 주어집니다.
(10초)
잘 듣고 질문 1과 2에 답하세요.

팝콘은 세상에서 가장 인기 있는 간식용 음식들 중의 하나입니다. 팝콘은 또한 많은 필수영양소를 함유하고 있으며 다양한 건강상의 혜택을 줍니다. 매년 5억kg이 넘는 팝콘이 미국에서 소비됩니다. 이것은 미국인이 평균적으로 연간 약 200컵의 팝콘을 먹는다는 의미입니다.

여러분은 팝콘이 역사상 가장 오래된 스낵 중의 하나인 것을 아시나요? 가장 오래된 팝콘은 뉴멕시코에서 발견되었습니다. 이것들은 약 5,600년 전 것으로 추정됩니다. 고대의 팝콘 알갱이들은 페루 동부 해안의 무덤에서도 발견되었습니다. 이 알갱이들은 보존이 아주 잘되어서 그것들의 일부는 수천 년이 지난 후에도 여전히 튀겨집니다.

팝콘은 16세기 아즈텍 인디언의 주식이었으며 그들의 생활에 중요한 역할을 했습니다. 그들은 음식으로뿐 아니라 종교 의식이나 행사를 치를 때에도 팝콘을 사용했습니다. 팝콘은 미국 원주민들에 의해 최초로 유럽에 소개되었습니다. 유럽인들은 팝콘을 우유와 설탕과 함께 아침 식사로 먹었는데, 이것이 최초의 아침 식사 시리얼이었습니다.

팝콘의 인기는 여전히 계속 증가하고 있습니다. 한 조사에 의하면 전 세계 팝콘 시장은 몇 년 후면 약 150억 달러에 달할 것으로 예상됩니다. 우리는 팝콘이 수천 년 전에 유래되었다는 것을 압니다. 그리고 이와 동시에 우리는 팝콘이 앞으로 수천 년 동안은 더 우리 주변에 있을 것이라 생각합니다.

A, B, C에서 적절한 글자를 고르시오.

1 화자에 의하면, 팝콘은
   A 주식이다
   B 건강식이다
   C 기름진 음식이다

2 유럽인들에게 팝콘을 가져다준 사람은 누구인가?
   A 멕시코인
   B 페루인
   C 미국 원주민

정답: 1. B   2. C

정답 해설

1. 화자에 의하면 팝콘은 필수영양소를 함유하고 있으며 다양한 건강상의 혜택을 준다고 했다.
It also contains a number of essential nutrients and offers a variety of health benefits.

2. 미국 원주민들에 의해 최초로 유럽에 전해졌다고 설명한다.
Popcorn was first introduced to Europe by Native Americans.

3

Choose the correct letter, A, B, or C.

1   The woman Michelle took the bus because
   A she lost her car key
   B her office is close to the bus stop
   C her car needs to be repaired

2   What is the man's view about transport?
   A Using public transport is cheap and convenient.
   B Hiring a chauffeur is not as expensive as you might expect.
   C Waiting for a bus every morning is a real pain.

(**Vocabulary**)

break down 고장나다   addictive 중독성이 있는   impatient 짜증나는, 안달나는   annual pass 일년 회수권
chauffeur 기사, 운전사   look on the bright side 밝은 면을 보다   there is no hassle to … 하는 번거로움 (
성가심)이 없다

Listening Script

You will hear a conversation between two colleagues who met on the bus on the way to work. The man is talking about the benefits of using public transportation, but the woman does not appear convinced.

First you have some time to look at questions 1 and 2.

(10 seconds)

Listen carefully and answer the questions.

Man: Hi, Michelle. I didn't expect to see you on the bus.

Woman: Nice to see you, James. My car is in the garage.

Man: What happened? Did your car break down?

Woman: Yeah, sort of … I think I have to take the bus for a week.

Man: That's good. It is great to take the bus. Actually, it's very addictive.

Woman: There is nothing addictive about living without a car. I am already starting to become impatient for waiting for buses.

Man: Look on the bright side, and then everything will be perfect.

Woman: Is there any bright side in taking buses?

Man: Think about it. The bus comes every 10 minutes and it stops just 50 metres away from our office. It is closer than the parking lot, and there is no hassle in finding a parking space every morning.

Woman: That might be true.

Man: And an annual pass costs only $30 a month. It is like hiring a chauffeur for what is less than a tank of gas.

Woman: Well, I am not sure about that, but I can see now why you often leave your car home.

여러분은 출근길 버스 안에서 만난 두 직장 동료들 간의 대화를 듣게 될 것입니다. 남자는 대중 교통 이용의 장점에 관해 이야기 합니다. 그러나 여자는 수긍하지 않는 것처럼 보입니다.
먼저 질문 1과 2를 살펴볼 시간이 잠시 주어집니다.
(10초)
잘 듣고 질문에 답하세요.

남자: 안녕, 미셸. 버스에서 만날 것이라고는 생각 못 했는데.
여자: 안녕, 제임스. 차가 정비소에 있어.
남자: 무슨 일이야? 차가 고장 났어?
여자: 그런 셈이야… 아마 일주일은 버스를 타야 할 것 같아.
남자: 잘됐네. 버스를 타면 아주 좋아. 사실 좀 중독성이 있어.
여자: 차 없이 지내는데 무슨 중독성까지. 벌써 부터 버스 기다리는 게 짜증스러워지려고 하는데.
남자: 밝은 면을 보려고 해봐, 그러면 모든 게 완벽해져.
여자: 버스 타는 게 무슨 밝은 면이 있어?
남자: 생각해봐. 버스는 10분마다 오지, 그리고 우리 사무실에서 불과 50미터 떨어진 곳에서 멈추거든. 버스 정류소는 주차장보다 더 가까워. 게다가 아침마다 주차 공간을 찾아 헤매어야 하는 번거로움도 없어.
여자: 그건 사실인 것 같아.
남자: 그리고 1년 회수권을 사는 비용은 한 달에 30달러밖에 되지 않아. 버스를 타는 건 기름 한 탱크를 채우는 것보다 적은 비용으로 기사를 고용하는 것과 같아.
여자: 글쎄, 그 점에 관해서는 잘 모르겠어, 하지만 왜 네가 종종 차를 집에 두고 오는지 이유를 알 것 같아.

A, B, C에서 적절한 글자를 고르시오.

1 여자가 버스를 탄 이유는
   A 자동차 열쇠를 잃어버렸기 때문이다
   B 그녀의 사무실이 버스 정류소와 가깝기 때문이다
   C 그녀의 차는 수리받아야 하기 때문이다

2 교통 수단에 관한 남자의 의견은 무엇인가?
   A 대중교통을 이용하는 것은 값싸고 편리하다.
   B 운전수를 고용하는 것은 생각보다 비용이 많이 들지 않는다.
   C 아침에 버스를 기다리는 것은 정말 번거로운 일이다.

정답: 1. C 2. A

정답 해설

1. 여자의 차가 정비소에 있으므로 대중교통을 이용해야 한다고 했다.
   ⋯ My car is in the garage.

2. 남자는 대중교통을 이용할 때의 장점에 관해 설명하고 있다. 남자의 운전수 고용에 관한 언급은 대중교통의 경제성을 설명하기 위한 비유적 표현이다.
   편의성: ⋯ there is no hassle in finding a parking space every morning.
   경제성: an annual pass costs only $30 a month. It is like hiring a chauffeur for what is less than a tank of gas.

Choose the correct letter, A, B, or C.

1 Where did the man find the mouse?
   A In the living room
   B In the kitchen
   C In the bedroom

2 What does the woman finally recommend the man should do?
   A buy a mouse trap in the shop
   B use peanut butter to attract the mouse
   C do nothing

(**Vocabulary**)

mouse trap 쥐덫   move around / walk around 돌아 다니다   afford to … 할 여유가 있다   with some
cheese on it 그 위에다 치즈를 놓고   attract 끌어들이다. 매혹하다

Listening Script

You will hear a conversation between two friends. One found a mouse moving around in his house and asks his friend's advice about what to do.

First you have some time to look at questions 1 and 2.

(10 seconds)

Listen carefully and answer the questions.

Woman:	Hey George, you look concerned. What is wrong?
Man:	Well, I think I saw a big mouse running around in the kitchen last night.
Woman:	Did you see a mouse in your house? I think you need a mouse trap.
Man:	But I don't have any mouse traps.
Woman:	You can buy one in the shop.
Man:	I can't afford to buy one.
Woman:	OK, I will give you one if you want.
Man:	That sounds great. Thanks a lot. What should I do with the mouse trap?
Woman:	Place it somewhere in your kitchen with some cheese on it. It will make the mouse come to the trap.
Man:	I don't have any cheese.
Woman:	You can use a piece of bread instead. You can put some jam or peanut butter on it.
Man:	I don't have any bread and jam.
Woman:	Do you have anything to attract the mouse?
Man:	No, I don't.
Woman:	Then just leave it. I don't think the mouse will stay in your house very long.

PART 2

Chapter 1

Chapter 2

Chapter 3

Chapter 4

해석

여러분은 두 친구 간의 대화를 듣게 될 것입니다. 한 친구가 그의 집 안에서 쥐가 돌아다니는 것을 발견했고 그의 친구에게 어떻게 해야 하는지 조언을 구하고 있습니다.
먼저 질문 1과 2를 살펴볼 시간이 잠시 주어집니다.
(10초)
잘 듣고 질문에 답하세요.

여자: 조지, 걱정이 있어 보이는데. 무슨 일이야?
남자: 어젯밤 우리 집 부엌에서 커다란 쥐 한 마리가 돌아다니는 것을 본 것 같아.
여자: 집 안에 쥐가 다니는 것을 보았다고? 쥐덫이 하나 필요할 것 같은데.
남자: 하지만 쥐덫을 갖고 있는 게 없어.
여자: 가게에 가면 살 수 있어.
남자: 그것을 살 여유가 없어.
여자: 원한다면 내가 하나 줄게.
남자: 좋아, 고마워. 그 쥐덫을 어떻게 해야 해?
여자: 그 위에 치즈를 얹고 부엌 어딘가에 두면 돼. 치즈가 쥐를 덫으로 유인할 거야.
남자: 갖고 있는 치즈가 없어.
여자: 대신 빵을 사용할 수도 있어. 빵 위에 잼이나 땅콩 버터를 바르면 돼.
남자: 빵하고 잼도 없는데.
여자: 쥐를 유인할 아무것도 없어?
남자: 아무것도 없어.
여자: 그렇다면 내버려둬. 내 생각엔 그 쥐가 너의 집에 오래 머무를 것 같지는 않아.

A, B, C에서 적절한 글자를 고르시오.

1 남자는 쥐를 어디서 보았는가?
   A 거실에서
   B 부엌에서
   C 침실에서

2 여자는 남자에게 최종적으로 무엇을 하라고 추천하는가?
   A 가게에서 쥐덫을 구입한다
   B 쥐를 유인하기 위해 땅콩 버터를 사용한다
   C 아무것도 하지 않는다

정답: 1. B   2. C

정답 해설

1. 남자는 부엌에서 쥐를 보았다고 말했다.
   I saw a big mouse running around in the kitchen last night.

2. 여자의 최종 의견은 그대로 내버려두어도 쥐가 먹을 것이 없어 다른 곳으로 간다는 것이다.
   Then just leave it. I don't think the mouse will stay in your house very long.

Choose the correct letter, A, B, or C.

1 What does the woman want to do?
   A Rent a car
   B Repair a car
   C Purchase a car

2 How long is the warranty on the car?
   A Six months
   B Twelve months
   C Twenty four months

3 How much does the woman have to pay for the car?
   A $9000
   B $11000
   C $14000

(**Vocabulary**)

garage 차고, 자동차 정비소, 자동차 판매소   saloon 4개의 문과 뒷 트렁크가 있는 일반 승용차   hatchback 차체 뒤쪽의 문을 들어 올려서 열 수 있게 만든 승용차   throughout 전체에 걸쳐서   previous owner 이전 소유자   budget 예산   offer 제안   be well maintained 관리가 잘 되다   hard bargain 유리한 조건, 흥정, 협상   drive a hard bargain 가격을 많이 깍다, 흥정을 잘하다

Listening Script

You will hear a conversation between a man and a woman at a garage.

First you have some time to look at questions 1, 2 and 3.

(15 seconds)

You should answer the questions as you listen because you will not hear the recording a second time. Listen carefully and answer the questions.

Man:	Good afternoon. How can I help you?
Woman:	Good afternoon. I am looking for a family car, less than three years old.
Man:	OK, you are in the right place. Most of our cars are two or three years old. Which body type do you want, saloon or hatchback?
Woman:	I prefer hatchback. Do you have one?
Man:	Yes, we have some hatchbacks. Do you have any particular colours in mind?
Woman:	Not really, but silver or light brown will be good if either is available.
Man:	I see. … Please come this way. How about this car? It is only two years old.
Woman:	How many miles does it have on the clock?
Man:	It has only 20 thousand miles and has been well maintained throughout by the previous owner. In addition, every vehicle sold here comes with a full year warranty.

The woman looks around the car carefully and checks its price tag.

Woman:	It looks nice but the price is a little over my budget.
Man:	How much are you going to spend on your car?
Woman:	I am thinking of spending around 10,000 dollars.
Man:	We can lower the price a little but not that much. 15,000 dollars is a good price for such a nice car.
Woman:	How much discount can you offer?
Man:	I will cut 500 dollars from the price. That is all I can do for you.
Woman:	Well, the price is still high for me, but I like this car. If you cut another 500, I'll buy it.
Man:	All right, you drive a hard bargain. I'll accept that.

여러분은 자동차 매장에서 한 남자와 한 여자 간의 대화를 듣게 될 것입니다.
먼저 질문 1과 2를 살펴볼 시간이 잠시 주어집니다.
(15초)
녹음은 두 번 들려지지 않습니다. 그러므로 청취를 하면서 답을 작성해야 합니다. 잘 듣고 질문에
답하세요.

남자: 안녕하세요. 무엇을 도와드릴까요?

여자: 안녕하세요. 가족용 차를 찾고 있어요. 3년이 지나지 않은 것으로요.

남자: 네, 잘 찾아오셨습니다. 우리가 판매하는 차는 대부분 2~3년 된 것들입니다.
세단형과 해치백 중 어떤 형을 원하십니까?

여자: 해치백이 더 좋아요. 해치백이 있나요?

남자: 네, 보유하고 있는 해치백이 몇 대 있습니다. 특별히 염두에 두신 색상이 있나요?

여자: 그렇진 않지만, 은색이나 옅은 브라운 색이 있으면 좋겠군요.

남자: 알겠습니다 … 이쪽으로 오시지요. 이차는 어떻습니까? 2년밖에 되지 않았습니다.

여자: 주행거리는 몇 마일인가요?

남자: 20,000킬로마일밖에 되지 않아요. 그리고 전 소유주가 전체적으로 관리를 잘한 차입니다. 그
리고 여기서 판매되는 모든 차량은 일 년 동안 보증이 됩니다.

여자는 차를 주의 깊게 살펴본 후 차의 가격표를 확인합니다.

여자: 좋아 보이긴 하지만 저의 예산을 좀 벗어나는군요.

남자: 차량 가격을 얼마 정도로 생각하고 계신가요?

여자: 대략 10,000달러 정도를 쓸 생각입니다.

남자: 가격을 조금 낮추어드릴 수는 있지만 그렇게까지는 안 됩니다. 이 정도 멋진 차가 15000 달러
면 좋은 가격입니다.

여자: 얼마를 할인해주실 수 있어요?

남자: 500달러 깎아드리죠. 그게 제가 해드릴 수 있는 전부입니다.

여자: 가격이 여전히 높긴 하지만, 차가 마음에 드는군요. 500달러 더 낮추어주시면 사겠습니다.

남자: 좋습니다. 흥정을 잘하시는군요. 그 가격에 팔겠습니다.

A, B, C에서 적절한 글자를 고르시오.

1 여자는 무엇을 원하는가?
   A 차 임대하기
   B 차 수리하기
   C 차 구매하기

2 차의 보증 기간은 얼마인가?

   A 6개월

   B 12개월

   C 24개월

3 여자는 차를 구매하기 위해 얼마를 지불해야 하나요?

   A 9000달러

   B 11000달러

   C 14000달러

정답: 1. C   2. B   3. C

(정답 해설)

1. 대화의 전반적인 내용으로 판단했을 때, 여자는 차를 구입하기를 원한다는 것을 알 수 있다: 차의 용도, 색상, 가격 그리고 보증 기간 등.

2. 남자가 보증 기간을 a full year라고 했으므로 12개월이 정답이다.

   ··· every vehicle sold here comes with a full year warranty.

3. 차의 원래 가격은 15,000달러였고 남자가 500달러 가격을 낮추었고, 여자가 다시 500달러를 할인해달라고 했으므로 판매 가격은 14,000달러이다.

PART 2

Chapter 1

Chapter 2

Chapter 3

Chapter 4

Short Answer Question은 질문에 대한 주관식 단답형의 대답을 요구하는 문제이다. 먼저 지시문을 읽고 정답으로 기록해야 하는 정확한 단어 수를 확인해야 한다. 만약 두 개 이하의 단어를 답으로 요구하는 문제에 세 단어를 기록했다면, 설사 그 표현 속에 정답이 포함되어 있더라도 오답으로 처리된다. 일반적으로 요구 단어 수는 굵은 이탤릭체의 대문자로 기록된다.

지시문의 예:

① Answer the questions below.

Write *NO MORE THAN THREE WORDS* for each answer.

이 지시문의 경우 답안은 세 개 이하의 단어로 기록해야 한다.

② Answer the questions below.

Write *NO MORE THAN TWO WORDS OR A NUMBER* for each answer.

이 지시문의 경우 답안은 하나 또는 두 개의 단어로 기록한다. 그리고 정답 중 최소한 하나는 숫자로 기록될 수 있다.

③ Answer the questions below.

Write *NO MORE THAN TWO WORDS AND / OR A NUMBER* for each answer.

두 개 이하의 단어 수로 답을 기록한다. 그리고 정답 중 최소한 하나는 수를 사용하거나 또는 수와 단어가 함께 사용될 수 있다.

④ Answer the questions below.

Write *NO MORE THAN ONE WORD* for each answer.

모든 답은 오직 한 개의 단어만을 사용해서 답해야 한다.

문제 풀이 Tips

〈녹음 청취가 시작되기 전〉

1. 지시문을 읽고 문제가 몇 문항인지 그리고 정답으로 몇 개의 단어를 요구하는지 확인한다.

2. 녹음 텍스트가 들려지기 전 문제를 읽을 수 있는 시간이 주어진다. 이 시간 동안 의문문의 종류를 (who, what, where … 등) 확인한 후, 질문의 핵심이 되는 키워드를 선택한다 (동그라미 또는 밑줄 등으로 표시).

3. 질문의 키워드에 해당하는 동의어나 paraphrase 구문 등을 미리 예상한다.

4. 질문은 항상 녹음 대본의 순서대로 진행된다는 것을 염두에 둔다.

〈녹음 청취가 시작된 후〉

5. 녹음 텍스트가 들려지기 시작하면 질문의 내용을 염두에 두고 청취를 한다. 정답으로 생각되는 표현이 나오면 그때그때 답안을 작성해야 한다. 답안은 언제나 제한 단어 수를 초과하지 않도록 주의한다.

6. 답안을 기록할 때는 녹음 텍스트에서 들려진 단어를 변화시키지 않고 그대로 사용해야 한다.

7. 정확한 스펠링을 사용했는지 확인한다. 해당 문제의 답안지 칸에 정확히 기록한다.

〈강조 사항〉
① 질문의 순서는 녹음 텍스트에서 제공되는 정보의 순서와 동일하다(Tip 4).
② 정답으로 요구되는 단어 수를 초과하지 않는다(Tip 5).
③ 정답은 녹음을 통해 들었던 단어를 그대로 사용한다(Tip 6).

유의 사항

Short Answer 질문은 대부분 의문사로 시작된다. 그리고 이 의문사의 종류에 따라 정답으로 선택할 수 있는 대상이 달라진다. 청취를 할 때 이 점을 염두에 둔다면, 녹음 텍스트를 통해 제공되는 다수의 정보들 중에서 정답으로 선택할 수 있는 대상의 폭은 그만큼 줄어들게 된다. 결과적으로 정답을 찾을 수 있는 확률은 높아진다.

다음은 의문사에 따라서 정답으로 필요한 정보의 종류이다:

Who - 사람, 사람의 이름, 직책, 또는 회사나 단체가 답으로 사용된다.

What - 사물 또는 사물의 이름이 정답으로 요구된다.

Which - 녹음 text에서 제공되는 복수의 사항들 중에서 한 가지를 선택해야 한다.

When - 날짜, 시간 또는 시기나 때에 관한 표현이 정답이 될 수 있다(morning, afternoon; spring, summer etc.).

Where - 위치나 장소에 관한 명칭이 정답으로 요구된다.

Why - 이유나 설명이 정답이 된다.

How - 방법을 설명하는 표현이 정답이 된다.

How many - 수 또는 횟수를 정답으로 요구하는 질문이다.

How often - 빈도 수를 정답으로 요구하는 질문이다(annually, monthly, daily, every hour etc.).

Exercise

Answer the questions below.
*Write **NO MORE THAN THREE WORDS** for each answer.*

1 What did Abigail show her Dad?

2 How many pupils are there in Abigail's maths group?

Vocabulary

at the bottom 맨 아래, 꼴찌 arithmetic 산수 It could have been worse. 더 나쁠 수도 있었다 (가정법 과거
완료) How can it possibly … 그것이 어떻게 가능할 수 있나?

How to approach

1. 지시문을 읽는다. 세 단어 이하로 답안을 작성해야 함을 숙지한다. 또는 THREE WORDS에 밑줄을
   치거나 highlight시킨다.

2. 질문을 읽는다. 1번 문항은 what 의문문이며 키워드는 show이다. 동사 show는 상황에 따라 explain
   또는 bring 등의 뜻으로 해석될 수 있다. 2번 문항은 how many 의문문이며, 키워드는 Abigail's
   math group이다.

3. 질문은 녹음 대본에서 제공되는 정보의 순서에 따른다. 먼저 Abigail이 그녀의 아빠에게 무엇을 보여
   주거나, 가져오거나 설명하는지 확인한 다음, 그녀의 수학 그룹의 인원 수가 몇 명인지 확인하는 순서
   로 진행한다.

4. 대화의 중간 지점에서 Dad가 말하는 … you have received your school reports today …와
   Why don't you bring them to me? …를 듣고 이해했다면 1번의 정답은 찾은 것이다.

5. 2번 문항의 답은 Dad의 대화 중 Abigail의 성적이 열 명 중에서 꼴찌를 했다는 말에서 찾을 수 있다:
   … you are at the bottom out of ten in arithmetic. 산수를 의미하는 arithmetic은 수학을 뜻하
   는 math의 한 분야이다. Abigail의 마지막 말인 I could have been at the bottom of twenty은
   가정법 과거 완료 문장으로 실제 상황에 대한 표현이 아니다.

Listening Script

You will hear a conversation between Abigail and her Dad.
First you have some time to look at questions 1 and 2.
(10 seconds)
Listen carefully and answer the questions.

Abigail: Hi Dad, you are home early.

Dad: Yes, my business trip was canceled. How was school today?

Abigail: It was sort of boring. I am really glad that summer vacation has started. Dad, when are we going on a family holiday? Have you decided where to go?

Dad: Well, I have a couple of places in mind, but have not decided where to go yet. We will talk about it with Mom later. By the way, I think you have received your school reports today, haven't you?

Abigail: Yeah … I have.

Dad: Why don't you bring them to me?

Abigail reluctantly goes to her room and soon comes back.

Abigail: Here you are, Dad.

Dad: Let me see. Abigail, you are at the bottom out of ten in arithmetic. How did this happen?

Abigail: I am sorry, Dad, but it could have been worse.

Dad: You are the worst in your group. How can it possibly be worse?

Abigail: Well, if I had been in Sarah's group, I could have been at the bottom of twenty.

여러분은 아비겔과 그녀의 아빠의 대화를 듣게 될 것입니다.
먼저 질문 1과 2를 살펴볼 시간이 주어집니다.
(10초)
잘 듣고 질문에 답하세요.

아비겔: 아빠, 일찍 퇴근하셨네요.
아빠: 출장이 취소되었어. 학교는 어땠니, 아비겔?
아비겔: 좀 지루했어요. 여름방학이 시작되어서 너무 좋아요. 아빠, 우리 가족 여름 휴가는 언제 가나요? 어디로 갈지는 결정했나요?
아빠: 글쎄, 몇 군데 생각을 해둔 곳은 있지만, 아직 어디로 갈지 결정을 내리지는 않았어. 나중에 엄마하고 의논을 해보자꾸나. 그런데 오늘 학교에서 성적표 받았지, 그렇지?
아비겔: 네, 받았어요.
아빠: 가져와볼래?

아비겔은 마지못해 그녀의 방으로 가서 곧 다시 돌아옵니다.

아비겔: 여기 있어요, 아빠.
아빠: 어디 보자, 아비겔. 산수 성적이 10명 중에서 꼴찌구나. 어떻게 이런 일이 생겼지?
아비겔: 죄송해요, 아빠. 하지만 더 나쁠 수도 있었어요.
아빠: 너는 네가 속한 그룹에서 제일 성적이 나빠. 어떻게 더 나쁠 수가 있지?
아비겔: 제가 만약 사라와 같은 그룹이었다면, 20명 중에서 꼴찌였을 테니까요.

아래 질문에 답하시오.
각 질문에 세 개 이하의 단어로 답하시오.

1 아비겔은 그녀의 아빠에게 무엇을 보여주는가?
2 아비겔의 수학 그룹은 몇 명의 학생들이 있는가?

정답
1. School reports
2. Ten pupils / Ten

Basic Exercise

1

Answer the questions below.
*Write **NO MORE THAN THREE WORDS** for each answer.*

1   What does Jacob want to have?

2   What will Jacob most probably do this weekend?

Vocabulary

except 제외하고   afford 여유가 있다   earn (돈을) 벌다   paper boy 신문 배달 소년   option 선택사항   cut the grass 잔디를 깎다

You will hear a conversation between Jacob and his Mom.

First you have some time to look at questions 1 and 2.

(10 seconds)

Listen carefully and answer the questions.

Jacob: Mom, Jonny next door has a new bike.

Mom: Yes, I know. He got it from his uncle for his birthday.

Jacob: I want to have a bike too.

Mom: I will buy you one for your birthday.

Jacob: But my birthday is seven months away. Everyone at school has a bike except me.

Mom: I am sorry son, but I can't afford a bike now. Why don't you earn some money for yourself?

Jacob: You mean something like being a paperboy after school?

Mom: Yeah, that can be an option.

Jacob: But Mom, I am busy and have lots of homework to do.

Mom: I see. Why don't you cut the grass in the backyard this Saturday, then? I will give you ten dollars for the work.

Jacob: Ok, I will. But Mom, I can't buy a bike with 10 dollars.

Mom: Don't worry, son. If you wash my car next week, I will give you another 10 dollars. If you go on like this, I think you can make enough money to buy a new bike within a couple of months.

해석

여러분은 제이콥과 엄마의 대화를 듣게 될 것입니다.
먼저 질문 1과 2를 살펴보세요.
(10초)
잘 듣고 질문에 답하세요.

제이콥: 옆집 조니가 새 자전거를 샀어요.
엄마: 알아, 생일선물로 그의 삼촌이 사준 거야.
제이콥: 나도 자전거가 갖고 싶어요.
엄마: 네 생일에 하나 사주지.
제이콥: 하지만 생일은 아직 일곱 달이나 남았어요. 저 말고는 학교 애들 모두가 자전거를 갖고 있어요.
엄마: 미안하지만 자전거를 사 줄 여유가 없단다. 네 힘으로 돈을 벌어보지 그래?
제이콥: 방과 후 신문 배달 일 같은 것을 말씀하시는 거예요?
엄마: 그것도 한 가지 방법일 수 있지.
제이콥: 하지만 엄마, 숙제도 많고 바쁘단 말이에요.
엄마: 알겠어. 그렇다면 이번 토요일 잔디를 깎는 것이 어때? 내가 수고비로 10달러를 줄게.
제이콥: 네, 그렇게 할게요, 하지만 10달러로는 자전거를 살 수 없어요.
엄마: 걱정 마. 다음 주에 세차를 한다면, 또 10달러를 주지. 이런 방법으로 계속한다면, 내 생각엔 두 달 이내에 새 자전거를 살 수 있는 충분한 돈을 마련할 수 있을 거야.

아래 질문에 답하시오.
각 질문에 세 개 이하의 단어로 답하시오.

1   제이콥이 갖고 싶어하는 것은 무엇인가?
2   이번 주말에 제이콥은 무엇을 할 것 같은가?

정답: 1. Bike / A bike / A new bike   2. Cut the grass

정답 해설

답안은 세 단어 이하로 작성해야 한다. 2번 문제의 단서는 다음 대화에서 찾을 수 있다:
Mom: Why don't you cut the grass in the backyard this Saturday, then? ⋯ / Jacob: Ok, I will.

Answer the questions below.

*Write **NO MORE THAN TWO WORDS AND / OR A NUMBER** for each answer.*

1   What is the subject of the painting?

2   What is the timescale for the painting project?

Vocabulary

education board 교육 위원회   mural 벽화   theme 주제   harvest 수확   individual assignment 개인의, 개별적인 과제   It is supported by … 에 의해 후원을 받다   post a notice on the board   게시판에 게시문을 붙이다   we are supposed to …   우리는 … 하기로 되어 있다.

Listening Script

You will hear a conversation between two students. They are talking about an art project for which they will work together.

First you have some time to look at questions 1 and 2.

(10 seconds)

Listen carefully and answer the questions.

Woman: Have you heard of the art project in Ms. Latimer's class?

Man: No, I haven't. What is it?

Woman: She is planning to paint the east side wall of the town hall with art students. It is supported by the education board of the city.

Man: Paint the wall? Do you mean a mural?

Woman: Exactly. She posted a notice about the project on the school notice board.

Man: I didn't know that. Have you read the notice?

Woman: Yes, I have. It says the theme of the painting is 'harvest' and each of us will have an individual assignment for the project.

Man: So we are going to do the whole thing together, from design to painting and everything. Do you know what the time schedule is? I mean ... how long do we have to finish the project?

Woman: Ms. Latimer said she is planning to complete the whole work in three weeks.

Man: Then, we don't have much time, but I am really excited.

Woman: So am I. Please don't forget that we are supposed to meet at the art room at 10 o'clock tomorrow morning.

여러분은 두 학생들 간의 대화를 듣게 될 것입니다. 이들은 그들이 함께 작업할 미술 프로젝트에 관해 이야기하고 있습니다.
먼저 질문 1과 2를 살펴보세요.
(10초)
잘 듣고 질문에 답하세요.

여자: 라티머 선생님의 미술 프로젝트에 관해 들었어?
남자: 아니, 못 들었어. 무엇인데?
여자: 선생님이 미술과 학생들과 시청 동편 벽에 그림을 그릴 계획을 하고 계셔. 프로젝트는 시 교육 위원회가 후원하는 거야.
남자: 벽에 그림을 그린다고? 벽화 말이야?
여자: 맞아. 선생님이 학교 게시판에 그 프로젝트에 관해 게시문을 붙이셨어.
남자: 몰랐어. 그 게시문을 읽어보았어?
여자: 읽었어. 그림의 주제는 '수확'이고 우리에게 프로젝트를 위한 개별 과제가 있을 거라고 했어.
남자: 그렇다면 우리가 함께 모든 작업을 한다는 말이지, 디자인부터 그림 그리는 것까지 모두를. 시간 계획은 어떻게 되는지 알고 있어? 내 말은 … 얼마 만에 그 프로젝트를 끝내야 해?
여자: 라티머 선생님 말씀은 우리는 삼 주 만에 모든 일을 완성시킬 계획이라고 말씀하셨어.
남자: 그렇다면 시간이 많이 남지는 않았어, 하지만 정말 신나는 일이긴 해.
여자: 나도 그래. 그리고 내일 아침 10시에 미술실에 모여야 한다는 것 잊지 마.

아래 질문에 답하시오.
각 질문에 두 개 이하의 단어 또는 숫자로 답하시오.

1 그림의 주제는 무엇인가?
2 미술 프로젝트의 기간은 얼마인가?

정답: 1. Harvest   2. Three weeks / 3 weeks

정답 해설

1. 답안은 두 단어 이하 또는 숫자로 작성해야 한다. 여자의 대화에서 그림의 주제는 harvest라고 말한다:
   It says the theme of the painting is 'harvest' and each of us will …

2. 작업 기간에 대한 언급은 대화의 후반 부분에서 들을 수 있다.
   … she is planning to complete the whole work in three weeks.

3

Answer the questions below.
*Write **NO MORE THAN THREE WORDS** for each answer.*

1 What equipment do you need for an emergency?

2 What kind of foods does the speaker recommend for winter camping?

(**Vocabulary**)

gear 기어, 장비   risky 위험한   equipment 장비   vary 다르다   fundamental 근본, 기본   survival kit 비상 장비   compulsory 필수의, 의무적인   emergency 비상   layer 막, 층, 겹   survive 살아남다, 생존하다 destination 목적지

You will hear a speaker talking to his audience about winter camping.

First you have some time to look at questions 1 and 2.

(10 seconds)

Listen carefully and answer the questions.

Winter camping is an exciting outdoor activity. It offers challenges that are completely different to summer camping. However, you need additional skills with extra camping gear. Winter camping can be risky if you do not comply with its basic rules. However, with careful preparation you might be surprised at how comfortable it can be.

The equipment you need in winter camping might vary with the type of camping you plan to do, but there are some basic fundamentals. Firstly, survival kit items are compulsory in case of emergency. They should be small and carried on your person and not in your backpack.

Secondly, warm clothing is also essential. Don't forget to pack gloves, and socks. Dressing in several thin layers rather than a single thick layer will protect your body much better from the cold and wind. They will keep you warm even in extremely cold temperatures.

Thirdly, the right camping equipment is very important. Take a four season tent, and choose a sleeping bag which will allow you to survive at the temperature of your destination. If you plan a snow camping trip, bring extra fuel for your camp stove.

Lastly, prepare plenty of healthy foods. Sandwiches can be a good choice for summer camping. However, when you become cold, your body needs a lot of calories to heat you up again. Therefore, high calorie foods with a little extra fat will be best for winter camping. Pack enough water to last the whole trip. You can melt snow over your fire for drinking, but never eat snow. It will take a large amount of heat from you.

해석

여러분은 겨울 캠핑에 관해 청중에게 설명하는 화자의 연설을 듣게 될 것입니다.
먼저 질문 1과 2를 살펴보세요.
(10초)
잘 듣고 질문에 답하세요.

겨울 캠핑은 흥미로운 야외활동입니다. 이것은 여름 캠핑과는 전혀 다른 도전입니다. 그러나, 여러분은 여분의 캠핑 장비와 부가적인 기술이 필요합니다. 만약 여러분이 기본적인 규칙을 따르지 않는다면 겨울 캠핑은 위험할 수 있습니다. 그러나 세심한 준비를 함으로서, 겨울 캠핑이 얼마나 안락할 수 있는지에 놀랄 것입니다.

겨울 캠핑에 필요한 장비는 본인이 계획하는 캠핑 타입에 따라 달라질 수 있습니다, 그러나 몇 가지 기본적인 것들이 있습니다. 첫째, 비상시를 대비한 비상 장비는 의무적입니다. 이것들은 크기가 작아야 하고 몸에 지녀야 합니다. 그리고 배낭에 넣어서는 안 됩니다.

둘째, 따뜻한 옷도 필수적입니다. 장갑, 양말, 그리고 부츠를 포함시키는 것도 잊어서는 안 됩니다. 얇은 옷을 여러 겹 입는 것이 두꺼운 한 겹보다 여러분의 몸을 추위와 바람으로부터 훨씬 더 잘 보호해줍니다. 이것들은 아주 추운 날씨에도 여러분을 따뜻하게 지켜줄 것입니다.

셋째, 올바른 캠핑 장비는 매우 중요합니다. 사계절 텐트를 가지고, 여러분이 지낼 목적지의 온도에서 살아남을 수 있는 침낭을 선택하세요. 만약 눈 속에서의 캠핑을 계획한다면, 캠프 난로를 위한 여분의 연료를 가져가야 합니다.

마지막으로, 영양가 높은 음식을 충분히 준비하십시오. 샌드위치는 여름 캠핑을 위해서는 좋은 선택일 수 있습니다. 그러나, 추워질 경우, 신체는 여러분을 다시 따뜻하게 하기 위해 많은 열량을 필요로 합니다. 그러므로 약간의 지방이 포함된 고칼로리 음식이 겨울 캠핑에는 가장 좋습니다. 전 여행 동안 지속할 수 있는 충분한 물을 준비하세요. 물을 마시기 위해 눈을 불에 녹일 수는 있습니다, 그러나 절대 눈을 먹어서는 안 됩니다. 눈은 여러분에게서 많은 열을 빼앗아가기 때문입니다.

아래 질문에 답하시오.
각 질문에 세 개 이하의 단어로 답하시오.

1 비상사태를 대비해서 어떤 장비가 필요한가?
2 화자는 겨울 캠핑을 위해서 어떤 종류의 음식을 추천하는가?

정답: 1. Survival kit (items)   2. Healthy foods / High calorie foods

세 단어 이하로 답안을 작성해야 한다.

1. 비상 사태에 대한 대비 장비는 첫 번째 주의 사항에서 설명된다:
   Firstly, survival kit items are compulsory in case of emergency.

2. 준비해야 할 음식에 관한 것은 주의 사항 마지막 항에서 설명된다:
   Lastly, prepare plenty of healthy foods. … your body needs a lot of calories to heat you up again.
   Therefore, high calorie foods with a little extra fat will be best for winter camping.
   정답은 healthy foods 또는 high calorie foods 모두 될 수 있다.

4

Answer the questions below.
Write NO MORE THAN TWO WORDS for each answer.

1   What does James ask his teacher for?

2   When does James plan to submit his report?

Vocabulary

extension 연기, 연장   turn in 제출하다   manage 그럭저럭 해내다   affect your grades 점수에 영향을 미치다

You will hear a conversation between James and his teacher, Ms. Morgan. James has been sick for a week and missed the deadline for his report.

First you have some time to look at questions 1 and 2.

(10 seconds)

Listen carefully and answer the questions.

James:	Ms. Morgan, I haven't finished my essay yet. Can I have an extension?
Ms. Morgan:	You have never been late in turning in your paper before. What is the reason, James?
James:	I have been sick for a week, and had to stay in the hospital for a couple of days.
Ms. Morgan:	I am sorry to hear that. Now I understand that's the reason why you didn't attend my lecture last week. So how are you now?
James:	I feel much better, thank you.
Ms. Morgan:	Yes, I can give you an extension in this case. How much time do you need to finish your essay?
James:	I'll hand it in before our class meeting next week.
Ms. Morgan:	Good, that will be soon enough, but make sure you get next week's assignment in as well. Do you know about that?
James:	Yes, I think I can manage.
Ms. Morgan:	Please remember that I allow only one missed assignment per semester. If it happens again, it will affect your grades.
James:	Yes, I understand that, Ms. Morgan. It will never happen again. Thank you for the extension.

해석

여러분은 제임스와 그의 선생님인 모건 씨와의 대화를 듣게 될 것입니다. 제임스는 일주일 동안 몸이 아파서 과제를 마감기한까지 제출하지 못했습니다.
먼저 질문 1과 2를 살펴보세요.
(10초)
대화를 잘 듣고 질문에 답하세요.

제임스: 모건 선생님, 아직 에세이를 마치지 못했습니다. 기간 연장을 할 수 있을까요?
모건: 전에는 한 번도 과제가 늦은 적이 없었는데. 무슨 일이 있었지, 제임스?
제임스: 일주일 동안 몸이 아팠어요, 이틀 동안은 병원에 있었고요.
모건: 저런, 지난주 강의에 결석했던 이유를 이제 알겠어. 그래 지금은 괜찮아?
제임스: 네, 훨씬 나아졌어요. 감사합니다.
모건: 그래, 이 경우에는 기한을 연장해줄 수 있어. 시간이 얼마나 필요하지?
제임스: 다음 주 수업 시간 전에 제출할게요.
모건: 좋아, 그때까지라면 충분해, 하지만 다음 주 과제도 함께 제출해야 하는 것 잊어서는 안 돼. 알고 있니?
제임스: 네, 할 수 있을 것 같아요.
모건: 나는 한 학기당 과제 제출시기를 놓치는 것은 한 번밖에 허락하지 않는다는 것을 기억해. 만약 다시 이런 일이 일어난다면 점수에 영향이 미칠 거야.
제임스: 네, 알고 있어요, 모건 선생님. 다시는 이런 일이 일어나지 않을 거예요. 기간 연장을 해주셔서 고맙습니다.

아래 질문에 답하시오.
각 질문에 두 개 이하의 단어로 답하시오.

1   제임스는 선생님에게 무엇을 요청하는가?
2   제임스는 언제 그의 과제를 제출할 계획인가?

정답: 1. An extension / Extension   2. Next week

정답 해설

답안은 두 단어 이하로 작성해야 한다.

1. 대화는 몸이 아파 과제를 제출하지 못한 학생이 교사에게 기간 연장을 청하고 있는 상황이다. 첫 대화, 'Can I have an extension?'과 마지막 대화, 'Thank you for the extension'에서 정답을 찾을 수 있다.

2. 시간이 얼마나 필요한가를 묻는 모건에게 제임스는 수업이 있는 다음 주 전까지 과제를 제출할 것이라고 말한다: I'll hand it in before our class meeting next week.

Answer the questions below.
*Write **NO MORE THAN THREE WORDS AND / OR A NUMBER** for each answer.*

1   How old is Café de Flore?

2   At what time will Edward and Jennifer have dinner?

Vocabulary

nothing in particular 특별한 일이 없는   have something in mind 무엇을 염두에 두고 있는, 생각하고 있는
reputation 평판, 명성   authentic 진짜의, 진품의   party 그룹, 단체   book 예약하다   available 가능한, 자리가
있는

Listening Script

You will hear a conversation between Edward and Jennifer. They are going to have dinner together. Edward will also call to a restaurant to make a reservation.
First you have some time to look at the questions.
(10 seconds)
Listen carefully and answer the questions.

Edward: Jennifer, do you have any plans for this evening?
Jennifer: Nothing in particular. Why?
Edward: Would you like to go out for dinner with me?
Jennifer: I'd love to. Do you have any particular place in mind?
Edward: How about French food? I know a French restaurant in the city centre. Its name is Café de Flore. It has a long history and has a very good reputation.
Jennifer: Café de Flore? Do you mean one on North Street? I think I heard it is a very nice place, but I have never been there.
Edward: Yes, you are right. The place has been well known for traditional French food for over twenty years. They serve a wide variety of authentic French dishes.
Jennifer: I like the place. Do you think we need reservations?
Edward: I think we do. Leave it to me. What time shall we meet?
Jennifer: Any time after six will be fine with me.
Edward: All right. I will make a reservation at seven, then.

After a while, Edward calls to the restaurant to make a reservation.

Restaurant staff: Café de Flore, how can I help you?
Edward: Hi, I'd like to make a reservation for dinner tonight.
Restaurant staff: How many people will you be in your party?
Edward: There will be two of us. Can you make it at seven o'clock?
Restaurant staff: Hold on please, I will check for you.
Edward: Thank you.
Restaurant staff: I am sorry, sir. We're all booked for seven o'clock, but some tables are available at half past seven. Is this OK for you?
Edward: Seven thirty is fine with me. By the way, I want a table in the non-smoking section, and … is it possible to have one by the window?
Restaurant staff: Certainly sir. I will reserve it for you. Can you tell me your name, please?
Edward: My name is Edward … Edward Snowden.
Restaurant staff: Thank you, Mr. Snowden.

PART 2

Chapter 1

Chapter 2

Chapter 3

Chapter 4

여러분은 에드워드와 제니퍼의 대화를 듣게 될 것입니다. 이들은 저녁식사를 함께하려 합니다. 에드워드는 또한 식당에 전화를 걸어 예약을 할 것입니다.

먼저 질문을 살펴보세요.

(10초)

잘 듣고 질문에 답하세요.

에드워드: 제니퍼, 오늘 저녁 무슨 약속 있어?

제니퍼: 특별한 약속은 없어. 왜?

에드워드: 나하고 저녁 같이 먹을래?

제니퍼: 좋아. 생각해둔 특별한 장소가 있어?

에드워드: 프랑스 음식은 어때? 시내에 있는 프랑스 식당 아는 곳이 있는데. 이름은 카페 드 플로르 야. 오래된 곳이고 평판도 좋아.

제니퍼: 카페 드 플로르라고? 노스 스트릿에 있는 거 말하는 거야? 나도 그 식당이 꽤 괜찮다고 들었어. 하지만 가본 적은 없어.

에드워드: 응, 맞아. 그 식당은 전통 프랑스 음식으로 20년 이상 유명한 곳이야. 다양한 프랑스 음식 을 제공하고 있어.

제니퍼: 나도 그 식당이 좋아. 예약을 해야 된다고 생각해?

에드워드: 그럴 거야. 나한테 맡겨. 몇 시에 만날까?

제니퍼: 여섯 시 이후라면 언제라도 괜찮아.

에드워드: 알았어, 그렇다면 7시로 예약할게.

잠시 후, 에드워드는 예약을 하기 위해 식당으로 전화를 합니다.

식당 직원: 카페 드 플로르입니다. 어떻게 도와드릴까요?

에드워드: 안녕하세요. 오늘 저녁 식사 예약을 하고 싶습니다.

식당 직원: 몇 분이 오실 건가요?

에드워드: 두 사람입니다. 7시에 예약할 수 있을까요?

식당 직원: 잠시만 기다려주세요, 확인해드리겠습니다.

에드워드: 감사합니다.

식당 직원: 죄송합니다, 손님. 7시에는 모든 자리가 예약되었습니다, 하지만 7시 30분에는 자리가 있 습니다. 괜찮으시겠습니까?

에드워드: 7시 30분이면 괜찮습니다. 그런데 저는 금연석 테이블을 원합니다. 그리고 … 창가 테이 블이 가능할까요?

식당 직원: 물론입니다. 예약해드리지요. 성함을 말씀해주시겠습니까?

에드워드: 에드워드입니다, 에드워드 스노든.

식당 직원: 감사합니다, 스노든 씨.

아래 질문에 답하시오.
각 질문에 세 개 이하의 단어 또는 숫자로 답하시오.

1 식당 Café de Flore는 얼마나 오래되었는가?
2 에드워드와 제니퍼는 몇 시에 저녁 식사를 하게 될 것인가?

정답
1. Twenty years / Over twenty years
2. 7:30 / Seven thirty / Half past seven

정답 해설

1. 에드워드의 말에 의하면 이 식당은 20년 넘게 전통 프랑스 식당으로 잘 알려져 있다고 했다:
The place has been well known for traditional French food for over twenty years.

2. 애초 약속했던 7시는 빈자리가 없어 30분 뒤인 7:30으로 예약을 했다.
Restaurant staff: … We're all booked for seven o'clock, but some tables are available at half past seven. Is this OK for you?
Edward: Seven thirty is fine with me.

Sentence Completion

Sentence Completion은 녹음을 듣고 문장의 빈칸에 들어갈 알맞은 표현을 찾아 기록하는 문장 완성 문제로서 응시자의 청취력과 문법 지식을 함께 요구하는 문제이다. 문장의 빈칸에 들어갈 표현의 문법적 기능을 파악하는 것은 정답을 찾아가는 중요한 과정 중의 하나이다(명사, 형용사, 동사 등).

유사한 형태의 문제 유형으로 Summary Completion이 있다. 이는 녹음을 듣고 내용을 요약한 문장이나 단락의 빈칸을 채우는 문제로 답안을 찾는 과정이나 요령은 Sentence Completion과 동일하다.

지시문의 예:
Complete the sentences below.
Write *NO MORE THAN THREE WORDS* for each answer.

Complete the sentences below.
Write *NO MORE THAN TWO WORDS AND/OR A NUMBER* for each answer.

빈칸은 주로 문장의 마지막에 위치하지만, 때로는 문장의 앞 또는 중간에 위치할 수도 있다.

빈칸의 예:
Michael missed the chance to play in the finals because of _____.
_____ missed the chance to play in the finals because of a knee injury.
Michael missed the chance to _____ because of a knee injury.
마이클은 무릎 부상 때문에 결승전에 진출할 기회를 놓쳤다.

문제 풀이 Tips

1. 녹음이 들려지기 전, 지시문과 질문을 미리 읽는다.

2. 지시문에서 정답으로 요구하는 단어 수를 확인하고 답안 작성 시 이를 초과하지 않도록 유념한다.

3. 질문의 키워드를 결정한다. 빈칸의 앞뒤 문장에 주의하면 어떤 정보가 필요한지(장소, 인명, 또는 행위 등) 또 어떤 문법 기능의 단어 또는 구가 필요한지(명사, 형용사 또는 동사 등) 파악할 수 있다.

4. 청취가 시작되면 문제가 요구하는 사항에 집중한다. 특히 질문으로 제공된 문장 빈칸의 앞 또는 뒤에 있는 단어가 들리는 경우, 그다음에 오는 표현에서 정답을 찾을 수 있는 경우가 많다.

5. 청취가 진행되면 however, but 등으로 논점이 바뀌거나, 반복 또는 강조하는 표현에 특히 주의한다. 이들 표현 다음에 답안을 찾는 중요한 단서가 제공될 수 있다.

6. 답안을 작성할 때는 녹음의 표현을 그대로 사용한다. 단수·복수나 품사의 변환 또는 동의어 등을 사용한 답안은 정답으로 채택되지 않는다. 반드시 녹음에서 들려진 표현 그대로 기록해야 한다.

7. 녹음에서 제공되는 정보의 순서는 문제 순서에 따라 제공된다. 그러므로 설사 한 문제의 정답을 찾지 못했더라고 그곳에 머물러 있어서는 안 된다. 정답을 찾지 못한 경우 논리적인 추측으로 답안을 작성한 후, 다음 문제의 정보가 나오는 것에 대비해야 한다.

유의 사항

1. 질문에서 사용된 표현은 녹음 대본에서 들린 것과 다른 단어나 구를 사용할 수 있다. 그러나 답안을 작성할 때는 항상 녹음에서 들었던 단어나 구를 그대로 기록해야 한다(Tip 6).

2. 청취가 진행되면 답안을 작성하는 시간을 따로 주지 않는다. 즉 녹음을 듣고 이해하면서 해당 질문의 답이 되는 정보가 제공되는 즉시 기록해야 한다.

3. 답안을 작성할 때는 단어 수 외에도 철자법, 문법, 그리고 단수·복수형 등이 틀리지 않도록 주의한다.

Exercise

Start-up Exercise

Complete the sentences below.
Write NO MORE THAN TWO WORDS for each answer.

1   The patient has some injuries on his _____.

2   According to the doctor, the patient will be fully recovered by _____.

> **Vocabulary**

fall down 넘어지다   get out of a car 차에서 내리다   a small bruise 가벼운 타박상   scratches 긁힌 상처
hangover 숙취, 휴유증

> **How to approach**

1. 지시문과 질문을 읽는다. 답안은 두 단어 이하로 작성해야 함을 숙지한다: NO MORE THAN TWO
   WORDS …

2. 질문의 키워드를 결정한다.

   1   The patient has some injuries on _____.
   질문 1의 injuries와 전치사 on의 결합으로 다치거나 상처가 난 신체 부위가 정답이 된다는 것을
   유추할 수 있다. 전치사 on 다음에 연결될 단어의 문법적 기능은 명사 또는 동명사가 와야 한다.
   2   According to the doctor, the patient be fully recovered by _____.
   전치사 by에 의해 환자가 완전히 회복되는 시간이나 시기에 관한 표현이 빈칸에 들어가야 한다는 것을
   유추할 수 있다.

3. 질문의 키워드와 관련된 동의어 군을 예상한다. 녹음 대본에서는 질문의 키워드와 동일한 단어가 나올
   수도 또는 동의어나 paraphrase한 표현을 사용할 수도 있음을 예상한다.

   질문 1의 injury와 관련된 동의어는 wound나 hurt이 있고, 좀 더 구체적인 표현으로는 cut이나 bruise
   등도 포함된다; 질문 2의 recover는 improve, regain, restore 등의 동의어가 있고 동사구로는 get
   well, get better, be fine 등도 생각할 수 있는 표현들이다.

4. 1번 문항은 환자가 자신이 다친 증상을 설명하는 대화에서 답안을 찾을 수 있다:

   My right elbow is hurting. (hurt = injury)

5. 2번 문항은 의사가 환자에게 휴식을 취할 것을 권하며 내일쯤이면 괜찮아질 것이라는 대화에서 정답이 나타난다: Take a rest and have a good sleep. Then, you'll be fine by tomorrow morning. (be fine = be fully recovered)

6. 작성한 답안의 단어 수 및 문법적 기능을 확인한 후 답안지에 옮겨 적는다.

Listening Script

You will hear a conversation between doctor and patient. The patient had a minor accident last night and thinks he needs medical treatment.

First you have some time to look at questions 1 and 2.

(20 seconds)

Listen carefully and answer the questions.

Patient: Good morning, Dr. Siena.

Doctor: Good morning, Mr. Porter. What is the trouble with you?

Patient: My right elbow is hurting. I can't move it at all.

Doctor: Can you tell me what has happened?

Patient: I fell down when I was getting out of my car last night.

Doctor: I see. Let me check it for you. Can you please pull up your sleeve for me?

Mr. Porter pulls up his sleeve and Dr. Siena examines his elbow.

Doctor: Hmm … you have got some small bruises and a few scratches. Nothing serious, there is no need to worry about it.

Patient: I also have a bad headache.

Doctor: I understand. I suggest you take some aspirin, drink lots of water, eat something light and go back to bed. Take a rest and have a good sleep. Then, you'll be fine by tomorrow morning.

Patient: Are they good for my elbow?

Doctor: No, they are good for your hangover. You drank too much last night.

여러분은 의사와 환자의 대화를 듣게 될 것입니다. 환자는 지난밤 가벼운 사고가 있었고 치료가 필요하다고 생각합니다.

먼저 질문 1과 2를 살펴볼 시간이 주어집니다.

(20초)

잘 듣고 질문에 답하세요.

환자:	안녕하세요, 시에나 선생님.
의사:	안녕하세요, 포터 씨. 무슨 문제인가요?
환자:	오른쪽 팔꿈치를 다쳤습니다. 전혀 움직일 수가 없어요.
의사:	무슨 일이 있었는지 말씀해주시겠어요?
환자 :	어젯밤 차에서 내리다가 넘어졌습니다.
의사:	알겠습니다. 진찰을 해보겠습니다. 소매를 걷어 올려주시겠습니까?

포터 씨는 소매를 걷어 올리고 시에나 선생님은 그의 팔꿈치를 살펴봅니다.

의사:	흠 … 가벼운 타박상에 긁힌 곳이 있군요. 심각한 것은 아닙니다, 걱정하실 필요는 없습니다.
환자:	두통도 매우 심합니다.
의사:	네, 이해합니다. 아스피린을 복용하시고 물을 많이 드세요. 가볍게 식사를 하시고 침실로 가세요. 휴식을 취하시고 잠을 푹 주무세요. 내일 아침이면 괜찮아질 것입니다.
환자:	그렇게 하면 팔꿈치에 효과가 있습니까?
의사:	아닙니다, 숙취에 효과가 있습니다. 어제 과음을 하셨군요.

아래 문장을 완성시키시오.

각 질문에 두 개 이하의 단어로 답하시오.

1   환자는 자신의 <u>오른쪽 팔꿈치</u>에 상처를 입었다.

2   의사에 의하면 환자는 <u>내일 아침</u> 즈음에 완전히 회복될 것이다.

정답

1. elbow / right elbow

2. tomorrow morning

Basic Exercise

1

Complete the sentences below.
*Write **NO MORE THAN TWO WORDS AND/OR A NUMBER** for each answer.*

1   The cell phone the girl has is _____ old.

2   The minimum contract period for the new cell phone is _____.

Vocabulary

catch 함정, 속임수   worth more than … 이상의 가치가 있는   How much do they charge monthly? 매달 얼마씩 지불해야 해?   unlimited free weekend call 무제한 무료 주말 통화   How long does the contract last for? 계약 기간은 얼마인가?   cancellation fee 취소 수수료

You will hear a conversation between a girl and her dad. The girl thinks she has found a good cell phone deal but her dad thinks differently.

First you have some time to look at questions 1 and 2.

(20 seconds)

Listen carefully and answer the questions.

Girl: Dad, can I have a new cell phone? I saw a free cell phone offer.

Dad: A free cell phone offer? Do you mean you don't have to pay anything for the phone?

Girl: Well, it is free … because they give me a $99 talk time coupon.

Dad: OK, that's the catch. So it costs 99 dollars. What is wrong with your current phone?

Girl: It works OK, but it is the oldest model among my friends' phones.

Dad: Your phone is only six months old.

Girl: But this is a great offer. The phone is the latest model, which is usually worth more than 150 dollars.

Dad: How much do they charge monthly?

Girl: They charge 29 dollars per month for their service, but unlimited free weekend calls are included in the price.

Dad: How long does the contract last for?

Girl: It is for 18 months.

Dad: Is there any cancellation fee if you cancel the contract before the time period?

Girl: Umm … I am not sure but there is no cancellation charge as long as I keep it for 18 months.

Dad: Well honey, I don't think it is a good offer.

해석

여러분은 여자아이와 아빠의 대화를 듣게 될 것입니다. 여자아이는 가격 조건이 좋은 휴대폰을 찾았다고 생각합니다. 하지만 아이 아빠의 생각은 다릅니다.
먼저 질문 1과 2를 살펴볼 시간이 주어집니다.
(20초)
잘 듣고 질문에 답하세요.

여자아이: 아빠, 나 휴대폰 새것 하나 사면 안될까요? 휴대폰을 무료로 준다는 광고를 봤어요.
아빠: 휴대폰을 무료로 준다고? 아무런 요금을 지불하지 않고 전화기를 준다는 말이니?
여자아이: 그게요 … 99달러어치의 통화권을 주니까 무료인 것과 같죠.
아빠: 그래, 그게 함정이지. 그러니까 99달러란 말이지. 지금 쓰고 있는 휴대폰은 무슨 문제가 있어?
여자아이: 작동은 해요. 하지만 우리 친구들 것 중에서 제일 구식이에요.
아빠: 네 전화기는 6개월전에 산 것이잖아.
여자아이: 하지만 이건 아주 싼 가격이거든요. 최신형인 데다가 (원래 가격이) 150달러가 넘는 것이거든요.
아빠: 한 달 사용료가 얼마인데?
여자아이: 월 사용료는 29.99달러예요. 하지만 무제한 주말 무료 통화가 포함되어 있어요.
아빠: 계약기간은 얼마나 되니?
여자아이: 18개월이에요.
아빠: 만약 그 기간을 채우지 못하면 취소 수수료가 부과되니?
여자아이: 음... 그건 잘 모르겠어요. 하지만 18개월 동안 사용하기만 하면 수수료를 내지 않아요.
아빠: 글쎄다. 내 생각엔 별로 좋은 조건은 아닌 것 같구나.

아래 문장을 완성시키시오.
각 질문에 두 개 이하의 단어 그리고/또는 숫자로 답하시오.

1 여자아이가 갖고 있는 휴대폰은 <u>6개월</u> 지난 것이다.
2 여자아이가 관심을 갖는 새 휴대폰의 최소 계약 기간은 <u>18개월</u>이다.

정답
1. six months / 6 months
2. eighteen months / 18 months

정답 해설

1. 아빠의 대사 중에서 아이의 휴대폰이 6개월밖에 되지 않았다는 언급이 있다:
   Dad: Your phone is only six months old.

2. 아빠와 딸의 대화 중 휴대폰의 계약기간에 관한 대화가 있다:
   Dad: How long does the contract last for?
   Girl: It is for 18 months.
   Dad: Is there any cancellation fee if you cancel the contract before the time period?
   Girl: Umm … I am not sure but there is no cancellation charge as long as I keep it for 18 months.

2

Complete the sentences below.

Write ***NO MORE THAN THREE WORDS AND/OR A NUMBER*** *for each answer.*

1　In the winter, the temperature may fall below the freezing point in the _____ parts of Spain.

2　The emergency number in Spain is _____.

3　If someone in police uniform asks you to pass your wallet to them, they must be a fake _____.

Listening Script

The speaker is going to talk about some information you may need when visiting Spain.
First you have some time to look at the questions.
(20 seconds)
Listen carefully and answer the questions.

Spain is one of the most popular tourist destinations in Europe. Last year, over 80 million tourists visited the country, and it keeps on breaking its own records each year. Spain is very warm and sunny all year round. You can enjoy sunshine for over 260 days a year. In winter, the temperature drops below zero degrees only in the central and northern parts of the country. It is very hot during summer with the temperature rising to 40 degrees and above.

Visits to Spain are mostly trouble free. However, street crime such as theft and pickpocketing always exists in tourist areas. It can occasionally involve violence. Therefore, remain alert at all times. Do not keep all your valuables together and do not carry large amounts of cash either. Please keep a copy of your passport elsewhere. If you are a victim of crime, call 112 to make a report to the police or visit the Spanish Police's website. Drivers should be careful of bogus police officers. Genuine police officers in Spain wear uniform and they can ask you to show them your documents. In any case, however, they do not ask you to hand over your wallet or credit card.

* bogus — fake, false, not genuine

화자는 여러분이 스페인을 방문했을 때 필요한 정보에 관해서 이야기할 것입니다.
먼저 질문을 살펴볼 시간이 주어집니다.
(20초)
잘 듣고 질문에 답하세요.

스페인은 유럽에서 가장 인기 있는 관광지들 중의 하나입니다. 지난해, 8천만 명이 넘는 관광객들이 이 나라를 방문했습니다, 그리고 매년 방문객 기록은 깨지고 있습니다. 스페인은 연중 내내 따뜻하고 맑은 날씨를 갖고 있습니다. 일 년에 260일 이상 햇빛을 즐길 수 있습니다. 겨울에는 중부와 북부 지방만이 영하로 기온이 떨어집니다. 여름은 매우 더우며 온도는 40도 이상으로 올라갑니다.

스페인 여행은 대부분 안전합니다. 그러나 절도나 소매치기 같은 거리에서의 사고는 관광지에서 항상 일어납니다. 이런 사고는 때때로 폭력사태를 동반하기도 합니다. 그러므로 항상 경계를 해야 합니다. 귀중품들은 한 곳에 두지 말고, 많은 액수의 현금을 갖고 다니지 마세요. 여권을 복사하여 다른 곳에 보관하세요. 만약 당신이 범죄의 희생자라면 112에 전화를 걸어 경찰에 신고하거나 스페인 경찰 웹사이트를 방문하세요. 운전자들은 가짜 경찰들을 조심해야 합니다. 스페인의 진짜 경찰은 제복을 입고 있으며, 여러분에게 여행 관련 서류를 보여달라고 할 수는 있습니다. 그러나 어떤 경우에도 그들은 여러분의 지갑이나 신용카드를 넘겨달라고 하지는 않습니다.

아래 문장을 완성시키시오.
각 질문에 세 개 이하의 단어 그리고/또는 숫자로 답하시오.

1 겨울에 스페인의 중부와 북부의 온도는 영하로 내려갈 수 있다.
2 스페인의 긴급 구조 전화 번호는 112이다.
3 만약 경찰복을 입은 사람이 당신에게 지갑을 건네줄 것을 요구한다면, 그들은 가짜 경찰이 분명하다.

정답
1. central and northern   2. 112   3. police officer

74

정답 해설

1. 화자에 의하면 스페인은 매우 따뜻한 도시로, 겨울에 영하로 내려가는 지역은 중부 지역 그리고 북부지역뿐이라고 설명하고 있다:

Spain is very warm and sunny all year round. You can enjoy sunshine for over 260 days a year. In winter, the temperature drops below zero degrees only in the central and northern parts of the country.

2. 사고의 희생자가 되었을 때는 112로 전화를 하라고 설명한다:

If you are a victim of crime, call 112 to make a report to the police ⋯

3. 가짜 경찰을 조심하라고 경고하며, 경찰 유니폼을 입었더라고 지갑이나 신용카드를 요구한다면 가짜로 의심을 해야 한다고 설명하고 있다:

Drivers should be careful of bogus police officers. Genuine police officers in Spain wear uniform and they can ask you to show them your documents. In any case, however, they do not ask you to hand over your wallet or credit card.

Complete the sentences below.

Write *NO MORE THAN THREE WORDS* for each answer.

1 The security team has not found any damage or _____ yet.

2 The security team of the company installed a _____.

3 Employees have to wait to get their new passwords until _____.

Vocabulary

access 입장, 접근   security 보안, 안전   was attacked by … 에 의해 공격을 받다   information leakage 정보 유출

Listening Script

You will hear a conversation between colleagues. They have a problem accessing their computer system.

First you have some time to look at the questions.

(20 seconds)

Listen carefully and answer the questions.

Man:	Oh, not again! I can't understand what is going on.
Woman:	What is the problem?
Man:	I typed my password correctly, but cannot access my computer.
Woman:	Have you received your new password?
Man:	New password? What do you mean?
Woman:	You should go to the security office and ask them for your new password.
Man:	What is wrong with my current password?
Woman:	There is nothing wrong with your passwords, but the main server of our computer was attacked by a hacker last week.
Man:	A hacker! Is there any loss or damage?
Woman:	No loss has been found yet, but the security team are still inspecting to find out any possible damage or information leakage. They also installed a new security system and changed all the passwords of the staff members.
Man:	Can I get my new password right away?
Woman:	I don't think so. I applied for my new password yesterday but have not got one yet. They said they needed a few more days to complete their inspections, which probably means we cannot access our computer system until next week.

여러분은 직장 동료 간의 대화를 듣게 될 것입니다. 이들은 컴퓨터 접속에 문제가 있습니다.
먼저 질문을 살펴볼 시간이 주어집니다.
(20초)
잘 듣고 질문에 답하세요.

남자: 이런 또! 무슨 일인지 알 수가 없군.
여자: 무슨 문제가 있어요?
남자: 비밀번호를 정확히 쳤는데 컴퓨터에 접근이 되지 않아요.
여자: 새 비밀번호를 받았나요?
남자: 새 비밀번호라고요? 무슨 말인가요?
여자: 보안과에 가서 새 비밀번호를 달라고 하세요.
남자: 사용중인 비밀번호에 무슨 문제가 있나요?
여자: 비밀번호에 문제가 있는 것은 아니에요. 지난주 우리 컴퓨터의 메인 서버가 해커의 공격을 받았어요.
남자: 해커가 침투했다고요? 유실되거나 손상된 것은 없나요?
여자: 아직까진 손실이 발견된 것은 없어요. 하지만 보안 팀은 여전히 손실이나 정보 유출이 발생했는지 조사를 하고 있어요. 그리고 또 새 보안 시스템을 설치하고 직원들의 비밀번호를 전부 바꾸었어요.
남자: 비밀번호는 바로 받을 수 있나요?
여자: 그렇진 않아요. 나는 어제 새 비밀번호를 신청했었는데 아직 받지 못했어요. 그들 말에 의하면 조사를 완전히 마치는 데 며칠 더 걸린다고 해요. 즉 다음 주까지는 아마도 컴퓨터 시스템에 접속할 수 없다는 의미지요.

아래 문장을 완성시키시오.
각 질문에 세 개 이하의 단어로 답하시오.

1 보안팀은 파손이나 <u>정보 유출</u>을 아직 발견하지 못했다.
2 회사 보안팀은 <u>새 보안 시스템</u>을 설치했다.
3 직원들은 그들의 새 패스워드를 받기 위해 <u>다음 주</u>까지 기다려야 한다.

정답
1. loss / information leakage
2. new security system
3. next week

정답 해설

1. 여자 직원의 말에 의하면 아직 파손이나 정보 유출이 발견되지 않았으며 보안팀은 아직 조사를 진행하고 있다고 했다:
Woman: No loss has been found yet, but the security team are still inspecting to find out any possible damage or information leakage.

2. 헤커 침투 이후 보안팀은 새 보안 시스템을 설치했다:
They also installed a new security system and changed all the passwords …

3. 여자 직원의 설명에 의하면 보안팀의 조사가 아직 진행 중이므로 다음 주까지 기다려야 컴퓨터 시스템에 접속할 수 있다, 즉 패스워드를 받을 수 있다는 말과 동일하다:
They said they needed a few more days to complete their inspections, which probably means we cannot access our computer system until next week.

PART 2

Chapter 1

Chapter 2

Chapter 3

Chapter 4

4

Complete the sentences below.
*Write **NO MORE THAN THREE WORDS** for each answer.*

1 In ancient times women did not have _____ over their children.

2 The women of the Renaissance, like women in medieval times, did not have any _____ rights.

3 Some countries around the world granted women the _____ in the late 19th century.

Vocabulary

be subject to ···에 속박당하다   authority 권한, 권위, 지휘권   royal family 왕실, 왕족   inheritance 유산, 상속
legal status 법적 지위   political debate 정치적 논쟁

Listening Script

The speaker will briefly talk about the history of the women's rights from ancient times to the present.
First you have some time to look at the questions.
(20 seconds)
Listen carefully and answer the questions.

In every civilization in history, women were always subject to men. In Ancient Rome, women belonged to their fathers when they were born. They received only a basic education. When they married, the authority over them switched to their husbands. They did not have legal rights over their children. Some women had more freedom than others. However, there always were limits to their freedom, even if they were members of royal families.

In the seventh century, some reforms were undertaken in Arabia. These reforms included rights for women in terms of marriage, divorce and inheritance. Such legal status for women, however, was not found in other cultures even after centuries. During the Renaissance, many changes occurred in the social and political systems of Europe, but women's status did not change much. Like women in the Middle Ages, women in the renaissance period did not have social and political rights. All women, regardless of their social class, were legally subject to their husbands, and had to perform the duties of housewife.

In the late 18th century, however, women's rights became a main issue of political debate. Since then, women have continued their fight for equal rights. In the late 19th century, women finally gained the right to vote in some countries around the world. The right to vote played a vital role in improving women's rights. As a result of this, women could exercise their influence on the law making process affects their lives. After that, the right to divorce a husband, the right to receive an education, and the right to have a job followed. As time passed, women were able to gain more and more economic, social and political status in various degrees.

강연자는 고대에서부터 현대에 이르는 여성 권리의 역사에 관해 간략하게 설명할 것입니다.
먼저 질문을 살펴볼 시간이 주어집니다.
(20초)
잘 듣고 질문에 답하세요.

역사적으로 모든 문화에서 여성은 언제나 남성들에 예속되어 있었습니다. 고대 로마시대에는 여자가 태어나면 아버지에게 예속되었습니다. 여자들은 기본적인 교육만 받았으며, 결혼을 하게 되면 그녀들에 대한 권한은 남편으로 바뀌었습니다. 여자들은 아이들에 대한 법적 권리도 갖지 못했습니다. 어떤 여성들은 다른 여성들보다 더 많은 자유를 누리기도 했지만 그들의 자유에는 언제나 한계가 있었습니다, 설사 그녀들이 왕족이라고 하더라도.

7세기에 아라비아에서 어떤 개혁이 일어났습니다. 이 개혁에는 결혼과 이혼 그리고 유산에서 여성의 권리가 포함되어 있었습니다. 그러나 다른 문화에서는 여러 세기 이후까지 여성들에 대해 그런 법적 지위가 있었던 적은 찾을 수 없습니다. 르네상스 기간 동안 유럽의 사회 정치 시스템에 많은 변화가 일어났지만, 여성들의 지위에는 큰 변화가 없었습니다. 중세시대 여성들과 마찬가지로 그들은 사회적·정치적 권리를 갖지 못했습니다. 모든 여성들은 그들의 사회적 지위와 관계없이 법적으로 그들의 남편에게 예속되었으며 가정주부로서의 임무를 수행해야 했습니다.

그러나 18세기 후반 들어 여성들의 권리는 정치적 논쟁의 주요 쟁점이 되었습니다. 그때 이후로 여성들은 평등한 권리를 위한 투쟁을 지속했습니다. 19세기 후반, 여성들은 세계 여러 나라에서 투표권을 획득했습니다. 투표권은 여성의 지위를 향상시키는 데 결정적인 역할을 했습니다. 투표권과 함께 여성들은 자신들의 삶에 영향을 미치는 입법 과정에 영향력을 행사할 수 있었습니다. 투표권의 획득 후, 이혼할 수 있는 권리, 교육을 받을 권리 그리고 직업을 가질 권리가 뒤를 이었습니다. 시간이 지나면서 여성들은 점점 더 많은 경제적, 사회적, 그리고 정치적 지위를 다양하게 획득할 수 있게 되었습니다.

아래 문장을 완성시키시오.
각 질문에 세 개 이하의 단어로 답하시오.

1   고대 여성들은 자신의 아이들에 대한 <u>법적 권리</u>를 갖지 못했다.
2   르네상스 시대 여성들은 중세 여성들처럼 <u>사회적·정치적</u> 권리를 갖지 못했다.
3   19세기 말에 세계의 여러 나라에서 여성들에게 <u>투표권</u>을 부여했다.

정답
1. legal rights
2. social and political
3. right to vote

정답 해설

1. 자신의 아이들에 대한 법적 권리를 갖지 못했다고 설명한다:
   They (Women) did not have legal rights over their children.

2. 중세 및 르네상스 여성들의 공통점은 그들에게 사회적 정치적 권리가 부여되지 않았다는 점이다:
   Like women in the Middle Ages, women in the renaissance period did not have social and political rights.

3. 화자의 설명에 의하면, 19세기 말 세계 대부분의 국가에서 여성들에게 부여한 권리는 투표권이다:
   In the late 19th century, women finally gained the right to vote in some countries around the world.

Complete the sentences below.
*Write **NO MORE THAN THREE WORDS** for each answer.*

1 - 2   Romanticism started with _____ in 1789 and ended with the enthronement of _____ in 1837.

3   Romanticism emphasized the importance of _____.

4   Jean-Jacques Rousseau thought that individual freedom was related to_____.

(Vocabulary)

intellectual movement 지적 운동   enthronement / coronation 즉위, 취임(식)   summarize 요약하다
enlightenment 계몽   rationality 합리성, 이치   stifle 억누르다, 질식시키다   representative figure 대표적
인물   prominent 우수한, 탁월한   creativity 창의성   liberate 해방시키다, 자유롭게 하다   Romanticism
낭만주의, 18 세기 말에서 시작 19 세기 초까지 영국 및 유럽에서 지속된 문학 및 예술운동

Listening Script

You will hear a discussion between a teacher and students in a classroom. The teacher is going to talk about Romanticism and ask students a few questions.
First you have some time to look at the questions.
(20 seconds)
Listen carefully and answer the questions.

Teacher: Good morning everyone. In today's class, we are going to talk about Romanticism. Can anyone tell me what Romanticism was?

A student raises his hand.

Teacher: Yes, Jones.
Student 1: Romanticism was an intellectual movement in Europe.
Teacher: You are right, Jones. Do you know when it happened?
Student 1: It started at the end of the 18th century and lasted for the first quarter of the 19th century.
Teacher: Thank you, Jones. That's an excellent answer. Romanticism was an artistic, literary, and intellectual movement that originated in Europe. Its time period may vary upon which expert you depend for dates. However, we generally consider that the period began with the French Revolution in 1789 and ended with the coronation of Queen Victoria in 1837. Can anyone summarize what its main message was?

Another student raises her hand.

Teacher: Go ahead, Michel.
Student 2: The main message of Romanticism was the importance of individuals and imagination.
Teacher: Exactly, thank you Michel. Writers and philosophers in the period thought that the Enlightenment place too much emphasis on rationality and reason, and stifled imagination and feeling.
Student 2: Who is the representative figure of Romanticism?
Teacher: That's a very good question. There are many writers and philosophers who developed the romantic ideas. However, the most prominent person was Jean-Jacques Rousseau. We regard him as one of the earliest and most prominent voices of nineteenth century romanticism. He thought that individual freedom was related to creativity and liberated the soul. His famous statement, "If I am not better, at least I am different," explains this theory.

여러분은 교실에서 교사와 학생 간의 토론을 듣게 될 것입니다. 교사는 낭만주의에 관해 설명하고 학생들에게 질문을 합니다.
먼저 질문을 살펴볼 시간이 주어집니다.
(20초)
잘 듣고 질문에 답하세요.

교사: 여러분 안녕하세요. 오늘 수업은 낭만주의에 관해 이야기할 것입니다. 낭만주의가 무엇인지 말해줄 사람?

한 학생이 손을 듭니다.

교사: 말해봐요, 존스.
학생1: 낭만주의는 유럽에서 일어난 지적 운동입니다.
교사: 맞아요, 존스. 그것이 언제 일어났는지 알고 있나요?
학생1: 그것은 18세기 말에 시작하여 19세기 1사분기까지 지속되었습니다.
교사: 고마워요, 존스. 잘 대답했어요. 낭만주의는 유럽에서 발생한 예술적, 문학적, 그리고 지적 운동이었어요. 그 시기는 학자에 따라 다를 수 있어요. 하지만 우리는 일반적으로 프랑스 혁명이 발생한 1789년에서 시작하여 빅토리아 여왕이 왕위를 계승했던 1837년으로 간주합니다. 낭만주의의 주된 메시지는 무엇이었는지 요약해줄 사람은?

다른 학생이 손을 듭니다.

교사: 말해봐요, 미셸.
학생2: 낭만주의의 주된 메시지는 개인과 상상력의 중요성이었습니다.
교사: 정확한 대답이에요. 고마워요, 미셸. 이 시기의 작가와 철학자들은 계몽주의가 이성과 합리성을 지나치게 강조한 나머지 상상력과 감정을 질식시켰다고 생각했어요.
학생2: 낭만주의의 대표적 인물은 누구인가요?
교사: 아주 좋은 질문입니다. 낭만주의 사상을 발전시킨 많은 작가와 철학자들이 있지만 가장 대표적인 사람은 루소이지요. 즉, 장 자크 루소를 말합니다. 우리는 그를 19세기 낭만주의의 가장 초기의 그리고 가장 탁월한 주창자들 중의 한 사람으로 간주합니다. 그는 개인의 자유는 창의성과 연관되며 영혼을 자유롭게 한다고 생각했어요. 그가 남긴 유명한 말, '나는 남들보다 더 우수하지는 않을지라도, 최소한 남들과 똑같지는 않다'는 그의 이론을 잘 설명하고 있어요.

아래 문장을 완성시키시오.
각 질문에 세 개 이하의 단어로 답하시오.

1 – 2 낭만주의는 프랑스 혁명이 발발한 1789년에 시작하여 빅토리아 여왕이 왕위에 오른 1837년에
끝났다.

3 낭만주의는 개인과 상상력의 중요성을 강조했다.

4 장 자크 루소는 개인적 자유가 창의성과 관련된다고 생각했다.

정답
1. the French Revolution
2. Queen Victoria
3. individuals and imagination.
4. creativity

정답 해설

1 – 2. 낭만주의 시기는 일반적으로 프랑스 혁명 발발과 빅토리아 여왕의 왕위 계승 사이의 기간으로 간주한다고 설명하고
있다. 즉위를 의미하는 coronation과 enthronement는 동의어이다:
However. we generally consider that the period began with the French Revolution in 1789 and
ended with the coronation of Queen Victoria in 1837.

3. 문제의 답은 Student 2의 설명에서 찾을 수 있다. 질문의 emphasize는 대화의 importance와 동일한 의미를 갖는다:
The main message of Romanticism was the importance of individuals and imagination.

4. 교사의 설명에 의하면 루소는 개인적 자유가 창의성과 관련된다고 생각했다:
He (Rousseau) thought that individual freedom was related to creativity …

Matching/Classification

Matching은 녹음을 듣고 세부 정보를 파악하여 관련된 사항들을 서로 연결시키는 문제이다. Classification 도 연관된 정보끼리 연결시킨다는 점에서 Matching과 유사한 유형이다. Matching과 Classification은 번호(1, 2, 3 ⋯)로 분류된 정보를 알파벳(A, B, C ⋯)으로 분류된 항목과 서로 연결시키는 형태로 출제 된다. 이 두 테스트들은 정보를 이해하고 답안을 찾는 과정과 방법에 있어서는 큰 차이가 없다. 그러나 일 반적으로 Matching은 문제 수보다 많은 선택 항목이 제공되며, Classification에서는 문제 수보다 선택 항목 수가 적어 어떤 항목은 한 번 이상 사용된다.

Matching 지시문의 예:

Choose answers from the box and write the correct letter, A-E, next to the question 1-3.

Job Titles	Staff
A Head Chief	1 Lucy Davis _____
B Head Waiter	2 Peter Jones _____
C Head Receptionist	3 Victoria Clare _____
D Booking Manager	
E Catering Manager	

* 선택 항목이 문제 수보다 많으므로 중복해서 사용하지 않아야 한다.

Classification 지시문의 예:

Which hotel has each of the following facilities?

Hotels	Facilities
A Hotel Spring	1 Sports center _____
B Hotel Grand	2 Sea view _____
C Hotel Marriot	3 Mountain view _____
	4 Award−winning restaurant _____
	5 Business facilities _____

* 선택 항목이 문제 수보다 적으므로 중복해서 사용할 수 있다.

문제 풀이 Tips

1. 녹음이 들려지기 전에 미리 문제지에 기록된 정보와 항목별 분류 목록을 주의 깊게 읽는다. 문제 수와 선택 항목 수를 확인한다.

2. 녹음을 들으면서 정보가 일치하는 대상을 하나씩 선택한다. 녹음은 한 번밖에 들려지지 않는다. 따라서 정보가 확인되는 즉시 해당 목록을 찾아 기록을 해야 한다.

3. 선택지에 기록된 정보는 녹음 대본에서 사용한 것과 동일한 단어나 구가 아니라 유의어 또는 paraphrase된 표현으로 제공된다. 따라서 정답을 찾을 때는 단순히 일치하는 단어가 아닌, 말의 내용이나 의미가 동일한 표현에 집중해야 한다.

4. Matching test인 경우, 선택한 항목은 선을 긋거나 √ 표시 등으로 제거하여 한 번 선택한 항목을 중복해서 사용하지 않도록 한다. 그러나 Classification test의 경우는 선택 항목이 문제 수보다 적으므로 중복해서 사용할 수 있다.

유의 사항

1. 문제 번호가 매겨진 정보는 녹음 대본에서 제공되는 순서대로 기록된다.

2. 선택 리스트에 기록된 목록은 녹음 대본의 순서와 관계없이 나열된다.

3. 단순히 녹음에서 들렸던 단어가 그대로 사용되었다고 해서 정답이 되는 것은 아니다(문제 풀이 Tips 3 참고).

Exercise

Match each person to their location. Choose your answers from the box and write the letters A-C next to questions 1-3.

A at home
B on the road
C in Washington

1 Jake _____
2 David _____
3 Norman _____

Vocabulary

purchasing team 구매팀   fill the order 주문을 맞추다   skilled worker 숙련공

How to approach

1. 문제지에 기록된 정보와 항목별 분류 목록을 읽는다. 3개 문항에 선택 항목 3개가 제공된다. 기록된 정보에 의해 인명과 장소를 서로 연결시키는 유형임을 알 수 있다.

2. 녹음을 들으면서 정보가 일치하는 대상을 하나씩 선택한다.

   1 Jake
   B: ⋯ Jake called me just before. He is stuck in traffic and he will be here soon.
   Jake는 교통체증 때문에 아직 도착하지 않았으므로 그가 있는 곳은 on the road가 된다.

   2 David
   A: ⋯ By the way, where is David?
   C: ⋯ He worked until four o'clock this morning. ⋯ He will come to work after 12 noon.
   David는 업무 때문에 늦게 퇴근을 했으며 12시 이후에 출근할 것이라고 했으므로 현재 그가 있는 장소는 at home이 가장 적절하다.

   3 Norman
   A: ⋯ Norman, the head of our sales department, is currently having a meeting with the

90

Philips purchasing team in Washington.

Norman은 현재(currently) 워싱턴에서 필립스 구매팀과 만나고 있다. 따라서 그가 있는 장소는 in Washington이 정답이다.

3. 녹음을 듣는 동안 문제지에 정답을 기록한다. 녹음이 끝난 후 답안지에 옮겨 적는다.

Listening Script

A meeting is taking place. You will hear a conversation between a manager and his colleagues. Some of their colleagues haven't arrived yet or cannot attend the meeting. Match each person to their location.

First you have some time to look at questions 1-3.

(20 seconds)

Listen carefully and answer questions 1-3.

A: Should we wait until the other members are all present?

B: Well, how about waiting for a few more minutes. Jake called me just before. He is stuck in traffic and he will be here soon.

A: The morning traffic is always busy. He should have left home earlier. We can't wait for him. By the way, where is David?

C: He is not coming. He worked until four o'clock this morning. He had to finish a part of our project urgently. He will come to work after 12 noon.

A: I see. Then please notify him of the details of our discussion.

C: Sure, I will let him know.

A: OK. Please sit down. Let's start the meeting now. First of all, I've got some good news for us. Norman, the head of our sales department, is currently having a meeting with the Philips purchasing team in Washington. Norman told me that Philips agreed to extend their purchasing contract with us for another year. They also want to increase their order by 30%. The problem is that our factory will have to go into overtime to fill all these orders and we are facing a severe skilled worker shortage …

회의가 열리고 있습니다. 여러분은 매니저와 직원들 간의 대화를 들을 것입니다. 직원들 중 일부는 아직 도착하지 않았거나 참석할 수 없습니다. 그들이 어디 있는지 연결시키세요.
먼저 질문 1–3을 살펴볼 시간이 주어집니다.
(20초)
잘 듣고 질문 1–3에 답하세요.

A: 다른 직원들이 모두 참석할 때까지 기다려야 하나요?

B: 몇 분 더 기다립시다. 조금 전 제이크가 제게 전화를 했습니다. 차가 밀린답니다. 하지만 곧 도착할 겁니다.

A: 아침 교통은 항상 밀립니다. 그는 좀 더 일찍 출발했어야 했어요. 우리는 그를 기다릴 수는 없어요. 그런데 데이비드는 어디 있나요?

C: 그는 참석할 수 없습니다. 그는 오늘 아침 4시까지 일했습니다. 그는 우리 프로젝트의 일부를 긴급히 처리해야 했습니다. 그는 12시 이후 출근할 것입니다.

A: 알겠습니다. 그렇다면 오늘 오전에 우리가 논의한 세부 사항을 그에게 알려주세요.

C: 물론입니다, 그렇게 하겠습니다.

A: 자, 모두 자리에 앉아주세요. 회의를 시작하겠습니다. 우선, 우리에게 좋은 소식이 있습니다. 판매부장 노먼은 지금 워싱턴에서 필립스의 구매팀과 만나고 있습니다. 노먼은 필립스가 우리와 구매 계약을 일 년 더 연장하는 데 동의하였다고 알려왔습니다. 그리고 또한 그들의 주문량을 30% 더 늘리기를 원합니다. 문제는 이 주문량을 맞추기 위해서는 우리 공장이 초과 근무를 해야 한다는 것입니다. 그리고 현재 우리는 숙련공의 수가 절대적으로 부족합니다 …

각 인물들이 어디에 있는지 연결시키시오. 박스에서 정답을 찾아 알파벳 A–C를 질문 1–3 다음에 기록하시오.

A 집
B 길 위
C 워싱턴

1 제이크 _____
2 데이비드 _____
3 노먼 _____

정답
1. B 2. A 3. C

■ **Basic Exercise**

1

Who is responsible for the following items? Write the correct letter, A, B or C next to questions 1-3.

A Cooler
B Picnic gear
C Food and beverages

1 Andrew _____
2 Emily _____
3 Collin _____

Vocabulary

plan 계획 invite 초대하다 portable 휴대용의

You will hear a telephone conversation between friends. They plan to go on a picnic.
Who is responsible for the following items?
First you have some time to look at questions 1-3.
(20 seconds)
Listen carefully and answer questions 1-3.

(A telephone rings.)
Andrew: Hello.
Emily: Hi Andrew, it's me, Emily.
Andrew: Hi Emily, what's up?
Emily: Do you have any plan for the weekend?
Andrew: For the weekend? No, I don't have any. Why?
Emily: Collin and I will be going to the beach on Saturday. Are you coming with us?
Andrew: Sure, I'd love to. Thank you for inviting me. Is there anything you need? I have a picnic table and beach chairs.
Emily: That's great. Please bring them with you. It will be much better than just lying on the sand.
Andrew: According to the weather forecast, it is going to be terribly hot all day on Saturday. I will bring a beach umbrella too. By the way, don't you think we need to buy something to eat and drink?
Emily: Yes, we do, but leave it to me. I will go shopping tomorrow morning. Collin has a portable ice box. She will bring it to me tomorrow. It will keep our food fresh and chilled all day.
Andrew: That's a good idea. Is there anything I can help?
Emily: Not at the moment, but I will let you know if there is any. Ah, just one thing. Don't forget your hat and sunscreen.

해석

여러분은 친구들 간의 대화를 듣게 될 것입니다. 이들은 피크닉을 갈 계획을 합니다. 다음 물품에 대한 책임을 가진 이는 누구인가요?

먼저 질문 1-3을 살펴볼 시간이 주어집니다.

(20초)

잘 듣고 질문 1-3에 답하세요.

(전화벨 소리)

앤드류: 여보세요.

에밀리: 안녕 앤드류. 나야 에밀리.

앤드류: 안녕 에밀리, 무슨 일이지?

에밀리: 주말에 계획이 있어?

앤드류: 주말에? 아니 특별한 계획은 없어. 왜?

에밀리: 콜린과 내가 토요일 바닷가에 가려고 해. 함께 가지 않겠어?

앤드류: 좋아, 나도 가고 싶어. 초대해줘서 고마워. 필요한 것 없어? 나한테 피크닉 테이블과 비치 의자가 있는데.

에밀리: 그것 잘됐네. 올 때 가지고 와. 모래 사장에 그냥 앉는 것보다는 훨씬 좋을 거야.

앤드류: 일기예보에 의하면, 토요일은 매우 더울 거라고 해. 비치 파라솔도 가지고 갈게. 그런데, 음식이나 마실 것을 사야 하지 않을까?

에밀리: 물론 사야지. 하지만 내게 맡겨. 내일 아침 쇼핑 갈 거야. 콜린에게 휴대용 냉장고가 있는데 내일 내게 가지고 올 거야. 냉장고가 있으면 하루 종일 음식을 차게 보관할 수 있으니까.

앤드류: 그것 좋은 생각이야. 내가 도와야 할 일은 없어?

에밀리: 지금은 없어, 있으면 알려줄게. 참, 한 가지가 있어. 모자하고 선크림 갖고 오는 것 잊지 마.

다음 품목에 책임이 있는 사람은 누구인가? 알맞을 글자 A, B, C를 질문 1-3 다음에 기록하시오.

A 냉장고 / 냉장 박스

B 피크닉 장비

C 식음료

1 앤드류 _____
2 에밀리 _____
3 콜린 _____

정답 1. B   2. C   3. A

정답 해설

1. Andrew: Sure. I'd love to. Thank you for inviting me. Is there anything you need? I have a picnic table and beach chairs. (앤드류 - 피크닉 장비를 가지고 간다.)

2. Andrew: … By the way, don't you think we need to buy something to eat and drink?
   Emily: Yes, we do, but leave it to me. I will go shopping tomorrow morning. (에밀리 - 식음료를 사기 위해 쇼핑을 간다.)

3. Emily: … Collin has a portable ice box. She will bring it to me tomorrow. (콜린 - 에밀리에게 휴대용 냉장고를 가져다줄 것이다)

2

Which storms have the following features?
Write the correct letter, A, B or C, next to questions 1–5.

Storms

A Hurricanes

B Tornadoes

C Typhoons

1 A rotating column of air _____
2 Speeds of up to 300 mph _____
3 Hawaii _____
4 Central America _____
5 The term originated from the West Indian language _____

(Vocabulary)

column 기둥 funnel 깔대기 cone-shaped 콘 모양의, 원추형 모양의 thunderstorm 뇌우 cyclones 열대성 폭풍우 meteorological 기상의, 기상학상의 seaboard 해안지방

Listening Script

You will hear a talk on the topic of storms.
First you have some time to look at questions 1-5.
(20 seconds)
Listen carefully and answer questions 1-5.

What is the difference between a hurricane, a typhoon and a tornado? The answer could be simpler than you think. Let's talk about it.

A tornado is a narrow and violently spinning column of air, which is also referred to as a twister. Tornadoes can appear as a funnel shaped cloud. The funnel cloud is usually visible as a whirling cone-shaped column, stretching downward from the base of a thunderstorm. It is not called a tornado, until it grows and touches the ground.

Tornadoes are considered to be nature's most violent storms. With wind speeds of up to 300 miles per hour, they can destroy everything in their path uprooting trees and knocking down buildings. They can even hurl vehicles hundreds of yards. Tornadoes occur more frequently in the United States than in any other country in the world. Over 1,200 tornadoes are reported nationwide each year.

Typhoons and hurricanes are different names for cyclones. Cyclones are very large storms that occur in ocean waters. They occur in different oceans, so people call them hurricanes or typhoons depending on their location. Both are tropical cyclones that have a maximum wind speed of 92 miles per hour. Therefore, although we call them by different names, typhoons, hurricanes, and cyclones are the same meteorological phenomenon. The only difference between them is the location where the storms occur. Typhoons occur in the Pacific Ocean around Hawaii and Asia. Hurricanes occur on the eastern seaboard along the United States and Central America. The term hurricane is derived from the West Indian hyracan which means 'big wind,' whereas Typhoon originated from the Chinese taifun, the meaning of which is 'great wind' or 'wind strike.'

여러분은 폭풍을 주제로 한 담화를 듣게 될 것입니다.
먼저 질문 1–5를 살펴볼 시간이 주어집니다.
(20초)
녹음을 잘 듣고 질문 1–5에 답하세요.

허리케인과 타이푼 그리고 토네이도의 차이는 무엇일까요? 대답은 여러분이 생각하는 것보다 쉬울 수 있습니다. 그 차이에 관해 이야기해봅시다.

토네이도는 좁고 격렬하게 회전하는 공기 기둥으로 트위스터라고도 칭합니다. 토네이도는 깔대기 모양의 구름으로 나타날 수도 있습니다. 이 깔대기 모양의 구름은 대개 뇌우의 하단에서부터 아래로 뻗어가는 원추형 모양의 기둥으로 보입니다. 이 기둥은 더 커져서 지상에 닿기 전까지는 토네이도라고 불리지 않습니다.

토네이도는 자연의 가장 강력한 폭풍으로 간주됩니다. 풍속은 시속 300마일에 달하며, 경로에 있는 모든 것들을 파괴할 수 있어 나무가 뿌리째 뽑히거나 건물이 쓰러집니다. 심지어 자동차를 수백 야드 날려보낼 수 있습니다. 토네이도는 세계의 어떤 다른 나라보다 미국에서 더 자주 발생합니다. 미국 전역에 걸쳐 매년 1,200건 이상의 토네이도들이 보고됩니다.

타이푼과 허리케인은 사이클론의 다른 이름입니다. 사이클론은 바다에서 발생하는 규모가 매우 큰 폭풍입니다. 이들은 다른 바다에서 발생합니다. 그래서 사람들은 지역에 따라 허리케인 또는 타이푼이라고 부릅니다. 이 둘은 모두 열대성 사이클론으로 최고 풍속은 시속 92마일입니다. 그러므로 우리는 이들을 다르게 부르지만, 타이푼과 허리케인 그리고 사이클론은 모두 동일한 기상 현상입니다. 이들의 유일한 차이는 폭풍이 발생하는 장소입니다. 타이푼은 하와이와 아시아 근처의 태평양에서 발생합니다. 허리케인은 미국과 중앙아메리카의 동쪽 해안지역에서 발생합니다. 허리케인이란 용어는 서인도어인 hyracan에서 유래한 것으로 '큰 바람'을 의미합니다. 이에 반해 타이푼은 중국어 taifun에서 유래한 것으로 '거대한 바람' 또는 '바람의 강타'라는 뜻을 갖습니다.

어느 폭풍이 다음과 같은 특징을 갖는가?
적절한 글자 A, B, C를 질문 1–5 다음에 기록하시오.

폭풍
A 허리케인
B 토네이도
C 타이푼

1 회전하는 공기 기둥 _____
2 시속 300마일의 속도 _____
3 하와이 _____
4 중앙아메리카 _____
5 서인도어에서 유래한 용어 _____

정답
1. B 2. B 3. C 4. A 5. A

정답 해설

1. Tornado is a narrow and violently spinning column of air … (spinning을 동의어 rotating으로 표현)

2. Tornadoes are considered to be nature's most violent storms. With wind speeds of up to 300 miles per hour. they can destroy … (시속 300마일의 풍속을 갖는 폭풍은 토네이도)

3. Typhoons occur in the Pacific Ocean around Hawaii and Asia. (타이푼은 하와이와 아시아에서 발생하는 폭풍)

4. Hurricanes occur on the eastern seaboard along the United States and Central America. (허리케인은 미국과 중앙아메리카에서 발생하는 폭풍)

5. The term hurricane is derived from the West Indian hyracan which means 'big wind.' (허리케인은 서인도어에서 유래한 단어)

3

Which description belongs to the following stories?
Choose your answers from the box and write the letters A-F next to questions 1-5.

A A boy battles witches
B Three farmers and a cheater
C A boy and his insect friends
D The story Roald Dahl liked most
E A girl with magic power helps her teacher.
F A boy's adventures in the chocolate factory

1   James and the Giant Peach _____

Example   Charlie and the Chocolate Factory   F

2   Fantastic Mr. Fox _____

3   The BFG _____

4   The Witches _____

5   Matilda _____

(**Vocabulary**)

adapt 개작하다, 각색하다   establish oneself as ... … 로서 자리를 잡다, 입지를 굳히다   hoaxer 남을 속이는 사람(hoax 거짓말, 장난질; 거짓말 하다)   outwit 선수치다, 한 수 앞서다   stumble into ... 우연히 만나다, 우연히 … 에 관여하게 되다

Listening Script

You will listen to a talk about the works of the British writer Roald Dahl. You need to match the descriptions with the appropriate stories. First you have some time to look at questions 1-5. (20 seconds)
Listen carefully and answer questions 1-5.

Roald Dahl was a British writer. His books were met with wide critical and commercial success. He wrote 20 children's books over his decades-long writing career. Some of his books were later adapted for films.

When he published his first children's book, James and the Giant Peach in 1961, Roald Dahl established himself as a children's writer. The book is about a lonely little boy living with his two mean aunts. He meets an old green grasshopper and his insect friends on a giant, magical peach.

Three years later, he published another book, Charlie and the Chocolate Factory. The story features the adventures of a young boy named Charlie Bucket inside the chocolate factory. The book became a bestseller since it was first published and still is Roald Dahl's most popular book.

Roald Dahl released Fantastic Mr. Fox in 1970. The book is a story about three farmers and a cunning hoaxer named Mr. Fox, who outwits the farmers every time.

The BFG was published in 1982. It is a story of a giant who stores dreams in bottles for kids to enjoy when they sleep. Roald Dahl said the BFG was his favorite of all his stories. The BFG stands for Big Friendly Giant.

In The Witches, published in 1983, a little boy accidentally stumbles into a witch convention, where the witches are planning to get rid of all children in England. The boy with his grandmother must fight against the witches to save the children.

Roald Dahl's last story, Matilda was published in 1988. It is a story of a five year old girl, named Matilda. She is clever and has magical powers. She uses her wits and powers to help her teacher to defeat the cruel principal of her school.

PART 2

Chapter 1

Chapter 2

Chapter 3

Chapter 4

여러분은 영국 작가 롤 달의 작품에 관한 담화를 듣게 될 것입니다. 여러분은 작품 설명과 작품을 적절히 연결시켜야 합니다.
먼저 질문 1–5를 살펴볼 시간이 주어집니다.
(20초)
녹음을 잘 듣고 질문 1–5에 답하세요.

롤 달은 영국 작가였습니다. 그의 작품은 평단의 호평을 받았고 상업적으로 성공을 거두었습니다. 그는 수십 년 작가로 활동하는 동안 20권의 동화책을 썼습니다. 그의 작품 중 일부는 영화로 각색되기도 했습니다.

그가 1961년, 그의 첫 동화책인 '제임스와 거대한 복숭아'를 출판했을 때, 롤 달은 동화작가로서 위치를 확고히 했습니다. 이 작품은 두 심술궂은 숙모와 함께 생활하는 외로운 어린 소년의 이야기입니다. 이 소년은 나이 많은 녹색 메뚜기와 그의 곤충 친구들을 거대한 마법의 복숭아 위에서 만납니다.

3년 후, 롤 달은 '찰리와 초콜릿 공장'이라는 또 한 권의 책을 출판합니다. 이 이야기는 찰리 버켓이라는 이름의 어린 소년의 초콜릿 공장에서의 모험을 그렸습니다. 이 책은 초판이 출판되자 베스트셀러가 되었고 여전히 롤 달의 가장 인기 있는 작품입니다.

1970년에 롤 달은 '판타스틱 미스터 폭스'를 출판합니다. 이 책은 세 명의 농부와 매번 이들을 속이는 데 성공하는 교활한 미스터 폭스에 관한 이야기입니다.

1982년에는 'The BFG'가 출판됩니다. 이 책은 어린이들이 잠잘 때 꾸는 꿈을 병에 보관하는 거인의 이야기입니다. 롤달은 The BFG는 자신의 모든 작품들 중에서 그가 가장 좋아하는 작품이라고 말했습니다. The BFG는 Big Friendly Giant를 의미합니다.

1983년에 출판된 '마녀들'에서는, 한 작은 소년이 우연히 마녀들의 회의를 엿보게 되는데, 이 회의에서 마녀들은 영국의 모든 어린이들을 제거하려는 계획을 합니다. 소년과 그의 할머니는 어린이들을 구하기 위해 마녀들과 싸워야 합니다.

롤 달의 마지막 작품인 '마틸다'는 1988년에 출판되었습니다. 이 작품은 마틸다라는 이름의 다섯 살된 소녀의 이야기입니다. 그녀는 영리하고 마법의 능력을 지녔습니다. 그녀는 재치와 마법으로 그녀의 선생님이 못된 교장을 쫓아낼 수 있게 도움을 줍니다.

어느 설명이 아래 작품에 속하는가?
박스에서 답을 찾아 알파벳 A–F를 질문 1–5 옆에 기록하시오.

A 소년이 마녀와 싸운다.
B 세 명의 농부와 사기꾼
C 소년과 그의 곤충 친구들
D 롤 달이 가장 좋아하는 이야기
E 마법을 가진 소녀가 그녀의 선생님을 돕는다.
F 초콜렛 공장에서의 소년의 모험

1 제임스와 거대한 복숭아 _____
2 판타스틱 미스터 폭스 _____
3 The BFG _____
4 마녀들 _____
5 마틸다 _____

정답
1. C   2. B   3. D   4. A   5. E

(정답 해설)

1. James and the Giant Peach – He meets the Old Green Grasshopper and his insect friends on a giant. magical peach. (소년과 메뚜기 및 곤충의 이야기)
   C   A boy and his insect friends

2. Fantastic Mr. Fox – The book is a story about three farmers and a cunning hoaxer … (세 농부와 이들을 속이는 여우 이야기)
   B   Three farmers and a cheater

3. The BFG – Roald Dahl said the BFG was his most favorite of all his stories. (롤 달 자신이 가장 좋아했던 이야기)
   D   The story Roald Dahl liked most

4. The Witches – The boy with his grandmother must fight against the witches to save the children. (소년이 마녀들과 싸우는 이야기)
   A   A boy battles witches

5. Matilda – She is clever and has magical power. She uses her wit and power to help her teacher to defeat the cruel principal of her school. (마법을 가진 소녀가 그녀의 선생님을 돕는 이야기)
   E   A girl with magic power helps her teacher.

4

Which features belong to the following destinations?
Write the correct letter, A, B, C or D, next to questions 1–4.

> **A** Plant collections
> **B** Scenic beauty and wildlife
> **C** Aquatic sports and activities
> **D** Culinary culture

1 Auckland _____

2 The Bay of Islands _____

3 Milford Sound _____

4 Christchurch _____

(**Vocabulary**)

tourist destination 관광지   transportation hub 교통의 요지   multicultural 다문화적   cuisine 요리
stunning 놀라운, 굉장히 멋진

Listening Script

You will hear a talk on favourite tourist destinations in New Zealand. You need to find which feature belongs to each destination.
First you have some time to look at questions 1-4.
(20 seconds)
Listen carefully and answer questions 1–4.

New Zealand is a dream place to visit. If you're planning a trip to New Zealand, you may want to know which places you should visit. There are a lot of favourite places for tourists in New Zealand and each one is incredibly beautiful and has its own distinctive characters. Among them Auckland, The Bay of Islands, Milford Sound, and Christchurch are the destinations you should not miss.

Firstly, Auckland is the largest city and major transportation hub in the country. Most flights from abroad arrive in New Zealand through Auckland Airport. Therefore, it is an ideal place for you to start your exploration of the country. There are a lot of multicultural bars and restaurants where you can enjoy all types of cuisine. At the same time, beaches, hiking trails and holiday islands are not far from the city.

Secondly, the Bay of Islands is an area on North Island's east coast. It takes about three hours by car from Auckland to get there. This region is one of New Zealand's favourite travel destinations and has long been well known for fishing, sailing, and other watersports.

Thirdly, Milford Sound is New Zealand's most stunning natural beauty spot. It is situated on the west coast of South Island. Milford Sound is a fusion of spectacular natural landscapes with its magical combination of mountains, cliffs, and waterfalls. The best way to see Milford Sound is via boat, or you can also take a sightseeing cruise to see waterfalls and wildlife such as dolphins and penguins.

Lastly, Christchurch is one of the most unique cities in New Zealand. Despite the impact of earthquakes in the past few years, Christchurch has made a remarkable recovery. You will see evidence of the city's rebirth everywhere with a modern and contemporary feel. However, many of Christchurch's original attractions are still standing. One of the best places to visit is the Christchurch Botanic Gardens, which was founded over 150 years ago. Sitting on 52 acres of landscaped park, the garden has a variety of collection of exotic and local plants.

여러분은 뉴질랜드의 인기 있는 관광지에 대한 담화를 듣게 될 것입니다. 여러분은 어느 특징이 어느 관광지에 속하는지 찾아야 합니다. 먼저 질문 1-4를 살펴볼 시간이 주어집니다.
(20초)
녹음을 잘 듣고 질문 1-4에 답하세요.

뉴질랜드는 꿈의 방문지입니다. 만약 여러분이 뉴질랜드로 여행하는 계획을 세웠다면, 여러분은 어느 장소를 방문해야 하는지 알고 싶을 것입니다. 뉴질랜드에는 관광객들이 좋아하는 많은 관광지가 있고 각각의 장소가 놀라울 정도로 아름다우며 독특한 특징들이 있습니다. 이 장소들 중에서 오클랜드, 베이 오브 아일랜드, 밀포드 사운드, 그리고 크라이스트처치는 여러분이 놓쳐서는 안 되는 목적지입니다.

첫째, 오클랜드는 이 나라의 가장 큰 도시이며 교통의 중심시입니다. 외국에서 뉴질랜드에 도착하는 대부분의 항공기들은 오클랜드 공항을 통합니다. 그러므로, 이곳은 여러분이 이 나라 탐험을 시작하는 최적의 장소입니다. 여러분이 다양한 음식을 맛볼 수 있는 많은 다문화 주점이나 식당이 있습니다. 동시에, 해변가, 하이킹 코스 그리고 휴양지 섬들이 이 도시에서 멀지 않습니다.

둘째, 베이 오브 아일랜드는 북섬의 동쪽 해안 지역입니다. 오클랜드에서 이곳까지 차로 약 3시간 걸립니다. 이 지역은 뉴질랜드의 가장 인기 있는 여행 목적지이며 오랫동안 낚시, 보트 그리고 다른 수상 스포츠를 위한 장소로 잘 알려져 있습니다.

셋째, 밀포드 사운드는 뉴질랜드에서 가장 경치가 아름다운 곳입니다. 이곳은 남섬의 서쪽 해안에 자리잡고 있습니다. 밀포드 사운드는 산, 절벽, 그리고 폭포들이 경이롭게 조화를 이루는 자연 경관이 장관인 곳입니다. 밀포드 사운드를 구경하는 가장 좋은 방법은 보트를 이용하는 것입니다, 또는 폭포와 돌고래나 팽권 같은 야생 동물들을 보기 위해 관광 유람선을 탈 수도 있습니다.

마지막으로 크라이스트처치는 뉴질랜드의 가장 독특한 도시들 중의 하나입니다. 몇 년 전에 있었던 지진의 충격에도 불구하고, 크라이스트처치는 놀라운 회복력을 보였습니다. 여러분은 도처에서 현대적인 느낌으로 도시가 새롭게 태어난 증거들을 보게 될 것입니다. 그러나 많은 크라이스트처치의 고유의 명소는 여전히 그대로 있습니다. 가장 좋은 방문지 중 하나는 크라이스트처치 식물원입니다, 이곳은 150년 전에 설립되었습니다. 52에이커의 아름다운 공원에 자리잡은 이 식물원은 이국적인 또는 토착의 다양한 식물들을 보유하고 있습니다.

어느 특징이 다음 여행 목적지에 속하는가?
적합한 글자 A, B, C 와 D를 질문 1-5 다음에 기록하시오.

> **A** 다양한 식물
> **B** 자연 경관과 야생동물
> **C** 수상스포츠와 액티비티
> **D** 음식문화

1 오클랜드 _____
2 베어 오브 아일랜드 _____
3 밀포드 사운드 _____
4 크라이스트처치 _____

정답: 1. D   2. C   3. B   4. A

정답 해설

1. Auckland (다문화적 다양한 음식을 즐길 수 있는 곳)
   There are a lot of multicultural bars and restaurants where you can enjoy all types of cuisine.
   D   Culinary culture (음식 문화)

2. The Bay of Islands (낚시, 보트 및 그외 다른 수상 스포츠로 잘 알려진 곳)
   … has long been well known for fishing, sailing, and other watersports.
   C   Aquatic sports and activities (수상스포츠와 액티비티)

3. Milford Sound (자연 경관 및 야생 동물을 관찰할 수 있는 곳)
   … you can also take a sightseeing cruise to see waterfalls and wildlife such as dolphins and penguins.
   B   Scenic beauty and wildlife (자연 경관과 야생동물)

4. Christchurch (다양한 식물을 구경할 수 있는 식물원이 있는 곳)
   … the Christchurch Botanic Gardens … has a variety of collection of exotic and local plants.
   A   Plant collections (다양한 식물)

Which hotel matches each description?
Write the correct letter, A -F, next to questions 1- 4.

Facilities

A   Sports Centre
B   River View
C   Mountain View
D   Art Museum
E   Award-winning Restaurant
F   Business Facilities

1   Hotel Royale _____

2   Hotel Grand _____

3   Hotel Marriot _____

Spring Garden   B

4   Oliver Lodge _____

Listening Script

You will hear a man talking to a member of staff at a tourist information office. Which hotel matches each description? First you have some time to look at questions 1-4.

(20 seconds)

Listen carefully and answer questions 1-4.

Woman: Good morning, how can I help you?

Man: Good morning, I am going to stay here for a week and am looking for a hotel. Can you recommend one?

Women: Sure, I can. Do you have your own vehicle?

Man: No, I don't. I just arrived at the airport. I will use public transportation during my stay, therefore I am looking for somewhere convenient for public transportation.

Woman: Then the hotel should be in the city centre not a suburban area.

Man: Well, I don't mind if it has good transportation connections.

Woman: I see. Then, there are five hotels that might interest you. Two in the city centre and three in suburban areas.

Man: Please tell me about those in the city first.

Woman: OK, there are Hotel Royale and Hotel Grand. Hotel Royale is the place for business travelers. They have a wide range of meeting and conference rooms, and these hotels provide fax, printing and copying services. Hotel Grand is noted for its excellent cuisine and its restaurant won a prize in the national cooking contest last year. They are both near the City Hall Square. The city's museums and theatres are also very close.

Man: That sounds nice. How about the others? I mean those in the suburban areas.

Woman: There are Hotel Marriot, Spring Garden, and Oliver Lodge. They all are located outside of the city but have subway stations nearby. There are also frequent bus services to the city centre.

Man: OK, I am listening.

Woman: If you like to exercise in your spare time, I would recommend Hotel Marriot, which has several tennis and squash courts, as well as a gym and an indoor swimming pool. Spring Garden is located on the river. Therefore, most rooms have spectacular river views. Oliver Lodge is built on a hill with mountains in the background. It is very popular for its scenic beauty. Oliver Lodge's location is a bit far from the subway station but there are regular shuttle services between the lodge and the station.

Man: Well, I am interested in Hotel Royale, since I am planning to have a couple of business meetings with my partners. At the same time, Hotel Marriot also attracts me, because I would like to include some physical activity in my leisure time. How long does it take to get to the city centre from Hotel Marriot?

여러분은 한 남자가 관광 안내소의 직원과 이야기하는 대화를 듣게 될 것이다. 각 설명과 일치하는 호텔은 어느 것인가요?

먼저 질문 1-4를 살펴볼 시간이 주어집니다.

(20초)

녹음을 잘 듣고 질문 1-4에 답하세요.

여자: 안녕하세요, 어떻게 도와드릴까요?

남자: 안녕하세요, 이곳에서 일주일 동안 지낼 호텔을 찾고 있습니다. 제게 한 곳을 추천해주시겠어요?

여자: 물론 해드릴 수 있습니다. 차를 갖고 계시나요?

남자: 아닙니다. 방금 공항에 도착했습니다. 이곳에 머무는 동안 대중교통을 이용할 것입니다. 그래서 교통이 편리한 곳을 찾고 있습니다.

여자: 그러시다면 호텔은 교외 지역이 아닌 시내에 위치한 곳이어야 하겠군요.

남자: 글쎄요, 교통 연결이 잘되는 곳이라면 상관없습니다.

여자: 알겠습니다. 그러시다면, 적당한 호텔이 다섯 곳이 있습니다. 둘은 시내에 그리고 셋은 교외 지역입니다.

남자: 시내에 위치한 곳부터 말해주세요.

여자: 네, 그곳은 로얄 호텔과 그랜드 호텔입니다. 로얄 호텔은 비즈니스 여행자들을 위한 곳입니다. 다양한 종류의 회의실과 컨퍼런스실이 있고 팩스, 프린트 그리고 복사 서비스를 제공합니다. 그랜드 호텔은 음식이 뛰어난 것으로 유명합니다. 이 호텔 식당은 작년에 전국 요리 대회에서 입상을 했습니다. 두 호텔은 모두 시청 광장 근처에 위치합니다. 시립 박물관과 극장도 가까이 있습니다.

남자: 괜찮네요. 다른 곳은 어떻습니까? 교외에 있는 호텔 말입니다.

여자: 메리엇 호텔, 스프링 가든, 그리고 올리버 로지가 있습니다. 이 호텔들을 시내 외곽에 위치하지만 모두 지하철 역이 근처에 있습니다. 또한 시내 중심지까지 버스도 자주 있고요.

남자: 네, 계속 설명해주세요.

여자: 만약 여가시간에 운동하는 것을 좋아하신다면 저는 메리엇 호텔을 추천합니다. 이곳은 테니스 코트와 스쿼시 코트 그리고 헬스 클럽과 실내 수영장을 구비하고 있습니다. 스프링 가든은 강가에 위치합니다. 그러므로 대부분의 침실은 멋진 강 전경을 갖고 있습니다. 올리버 로지는 산을 배경으로 한 언덕 위에 지어졌습니다. 이곳은 경치가 좋아 인기가 있습니다. 올리버 로지의 위치는 지하철역과는 조금 떨어져 있습니다 하지만 호텔과 역 간을 운행하는 정기적인 셔틀 서비스가 있습니다.

남자: 그렇군요. 저는 로얄 호텔에 관심이 갑니다. 사업 파트너들과 회의를 몇 번 가질 예정이거든요. 그리고 메리엇 호텔도 좋아 보입니다. 여가시간에는 운동을 하고 싶거든요. 메리엇 호텔에서 시내까지는 얼마나 걸립니까?

각 설명과 일치하는 호텔을 어느 것인가?
적합한 글자 A-F를 질문 1-4 다음에 기록하시오.

A 스포츠센터
B 강이 보임
C 산이 보임
D 미술관
E 수상 경험 있는 식당
F 비즈니스 시설

1 로얄 호텔 _____
2 그랜드 호텔 _____
3 메리엇 호텔 _____
4 올리버 로지 _____

정답: 1. F   2. E   3. A   4. C

정답 해설

1. Hotel Royale (비즈니스 여행자들을 위한 설비를 갖춘 호텔)
Hotel Royale is the place for business travelers. They have a wide range of meeting and conference rooms
F   Business Facilities

2. Hotel Grand (요리 대회에서 입상한 경력이 있는 식당을 보유한 호텔)
Hotel Grand is noted for its excellent cuisine and its restaurant won a prize in the national cooking contest last year.
E   Award-winning Restaurant

3. Hotel Marriot (스포츠 시설이 잘되어 있는 호텔)
I would recommend Hotel Marriot, which has several tennis and squash courts, as well as a gym and an indoor swimming pool.
A   Sports Centre

4. Oliver Lodge (산을 배경으로 한 언덕에 자리잡은 경치가 뛰어난 호텔)
Oliver Lodge is built on the hill with mountains in the background. It is very popular for its scenic beauty.
C   Mountain View

Map Labelling

Map Labelling은 지도나 도표에 있는 빈칸에 들어갈 말을 녹음을 듣고 찾는 문제이다. 대화나 담화는 주로 지명 또는 랜드마크가 있는 방향이나 위치에 대한 설명으로 이루어진다. 테스트 응시자는 이 대화나 담화를 통해 제공되는 정보에 근거하여 지도나 도표의 빈칸이나 문제 번호로 표시된 주요 지형 지물의 이름을 찾아 기록해야 한다.

일반적으로 선택 사항의 수는 질문의 문항 수보다 많다. 또는 보기나 선택지 없이 녹음에서 들려지는 정보에서 바로 정답을 찾아야 하는 경우도 있다. 이 유형의 문제는 난이도가 높지는 않다. 그리고 다른 유형의 문제에 비해 사용되는 어휘는 상대적으로 제한되어 있다. 그러나 방향이나 위치에 관한 표현에 익숙하지 않으면 정답을 찾기가 어렵다.

> 지시문의 예:
> Label the map below.
> Write the correct letter from A-G, next to questions 1-5.
>
> Look at the map below.
> Write **NO MORE THAN TWO WORDS** for each answer.

문제 풀이 Tips

1. 지시문을 읽는다. 문항 수와 선택 항목 수를 확인한다. 선택 항목이 없는 경우는 몇 단어 이하로 답안을 작성해야 하는지 확인한다.

2. 지도 또는 도표의 전반적인 특징을 살핀 후(map 또는 floor plan 등), 문항이 어디에서 시작하고 어디에서 끝나는지 확인한다. 문항의 첫 번호는 위, 아래, 또는 측면 등 어느 위치에서도 시작될 수 있다.

3. 지도나 도표에서 제공되는 방향이나 위치를 알려주는 부호나 표시를 확인한다(대화자나 담화자를 중심으로 오른쪽 왼쪽의 방향 설정 또는 동서남북을 알려주는 나침반 등).

4. 지도 및 도표에 근거하여 빈칸에 들어갈 명칭의 종류를 예측한다(도로명, 건물명, 또는 그외의 시설이나 공간의 명칭 등).

5. 지도나 도표에서 빈칸 근처의 중요한 landmark의 위치를 확인한다(역, 시청, 극장 등).

6. 대화나 담화에 나오는 대화자들이 있는 위치 또는 담화가 시작되는 위치를 알려주는 정보를 놓쳐서는 안 된다. 특히 대화나 담화의 시작 부분에 중요한 위치 정보가 제공될 수 있다.

7. 위치나 방향의 정보가 제공되는 순서는 문제 순서와 동일하게 진행된다. 들리는 정보를 바탕으로 신속히 답안을 작성한 후 다음 정보를 받아들일 준비를 해야 한다. 특히 지나간 문항에 머뭇거리다 다음 문제에 관한 정보를 놓치는 우를 범해서는 안 된다.

유의 사항

청취가 시작되면 대화자나 담화자는 필요한 또는 불필요한 다양한 정보를 제공할 것이다. 이들 중에서 답안을 작성하는 데 필요한 정보를 선별해낼 수 있어야 한다. 테스트 응시자의 주 과제는 이들이 설명하는 방향이나 위치를 따라가면서 특정 지점의 명칭을 파악하는 것이다. 그러므로 무엇보다 위치나 방향에 관한 어휘력과 청취 능력을 갖추는 것이 중요하다.

다음은 위치나 방향을 설명할 때 빈번하게 사용되는 어휘들이다. 귀에 익숙해질 때까지 녹음을 반복해서 듣고 따라 발성할 것을 권한다.

〈Language of location and direction〉
at the top 맨 위에 / at the bottom 맨 아래에
in the middle 가운데 / in the centre 중앙에
next to 다음에, 바로 옆에 / alongside 옆에, 나란히
adjoining 접한, 옆의 / near 가까이
on the left 왼쪽에 / on the right 오른쪽에
turn right 오른쪽으로 돌다 / turn left 왼쪽으로 돌다
clockwise 시계 방향으로 / anticlockwise 시계 반대 방향으로
go straight 똑바로 가다 / go past 지나가다
above 위로 / below 아래에 / behind 뒤에
inside 내부에 / outside 외부에
opposite 마주보는, 반대편의, 건너편의 / in front of 앞에 / behind 뒤에
to the north 북쪽에(으로) / to the south 남쪽에 / to the east 동쪽에 / to the west 서쪽에

Exercise

Label the map below.
Write the correct letter from A-E, next to questions 1-4.

1 _____
2 _____
3 _____
4 _____

A Church
B Theatre
C Book shop
D Post Office
E Joe's Bakery

How to approach

1. 지시문을 읽는다. 5개 문항에 선택 사항은 4개가 있다는 것을 확인한다.

2. 지도를 확인한다. 대화자들의 위치는 오른쪽 아래이며, 지도에 있는 건물의 명칭을 찾는 문제이다(교회, 극장 등).

3. 지도에서 제공되는 방향 및 위치 정보는 도로명이다. 세로 방향으로 세 개의 도로(Plume Street / Oak Street / Walnut Street)가 있고 가로 방향으로 두 개의 도로(High Road / Prince Road)가 있다. 랜드마크는 city hall과 bus stop이다.

4. 청취가 시작되면 대화자들의 대화 중 특히 방향에 관한 표현에 집중해야 한다. 남자가 가고자 하는 목적지는 city hall이다. 따라서 방향을 설명하는 여자의 말에 특히 집중해야 한다. 위치나 방향의 정보가 제공되는 순서는 문제의 순서와 동일하게 진행된다.

① The shop on our right is Joe's Bakery.

② Keep walking straight ahead to the next block till you come to a book shop which is on your left side of the street.

③ … turn left, then you'll get to High Road. You will see a church on your right.

④ … go one more block further, then you will see a theatre building on your left.

Listening Script

You will hear a conversation between two people. Look at the task then listen and answer questions 1-4.

Man: Excuse me, are you familiar with this area?

Woman: Yes, I am. How can I help you?

Man: I want to go to City Hall. Could you tell me how I can get there?

Woman: Certainly, it is not far from here. We are on Walnut Street. The shop on our right is Joe's Bakery.

Man: I see. We are on Walnut Street.

Woman: That's right. Go to the intersection and cross the road which is Prince Road. Keep walking straight ahead to the next block till you come to a book shop which is on your left side of the street.

Man: Okay, go straight to a book shop.

Woman: When you pass the book shop, turn left, then you'll get to High Road. You will see a church on your right. Then go one more block further, then you will see a theatre building on your left. Pass the theatre and turn right at the corner. City Hall is on your left across the street from the bus stop. It is a tall white building with the green roof and a large clock on the wall. You cannot miss it!

Man: I think, I can find it. Thank you so much.

Woman: You're welcome.

여러분은 두 사람 간의 대화를 듣게 될 것입니다. 문제를 본 후 녹음을 잘 듣고 질문 1-4에 답하세요.

남자: 실례합니다, 이곳 지리를 잘 아세요?

여자: 네, 잘 압니다. 어떻게 도와드릴까요?

남자: 시청에 가려고 합니다. 그곳에 가는 길을 알려주시겠습니까?

여자: 물론입니다, 여기서 멀지 않아요. 우리는 월넛가에 있습니다. 우리 오른쪽의 가게는 조 제과점입니다.

남자: 알겠습니다. 여기가 월넛가군요.

여자: 맞습니다. 사거리까지 가셔서 도로를 건너세요, 그 거리는 프린스 로드입니다. 다음 블록까지 계속 직진하세요, 그러면 왼쪽에 서점이 보일 것입니다.

남자: 알겠습니다. 서점이 있는 곳까지 직진해야 하는군요.

여자: 서점을 지나서 좌회전하세요, 그곳은 하이 로드입니다. 오른쪽에 교회가 보일 겁니다. 한 블록을 더 가세요 그러면 왼쪽에 극장 건물이 있습니다. 극장을 지나서 모퉁이에서 우회전하세요. 시청은 왼쪽에 있습니다. 버스 정류소 건너편입니다. 시청은 하얀색 건물에 녹색 지붕이며 벽에 큰 시계가 걸려 있습니다. 바로 눈에 띌 것입니다.

남자: 찾을 수 있을 것 같아요. 고맙습니다.

여자: 천만에요.

아래 지도의 빈칸을 채우시오.
A-E에서 적절한 글자를 찾아 1-4 옆에 쓰시오.

1 _____		**A**	교회
2 _____		**B**	극장
3 _____		**C**	서점
4 _____		**D**	우체국
		E	조 제과점

정답
1. E 2. C 3. A 4. B

Basic Exercise

1

Label the map below.

Choose five answers from the box and write the correct letters A-G next to questions 1-5.

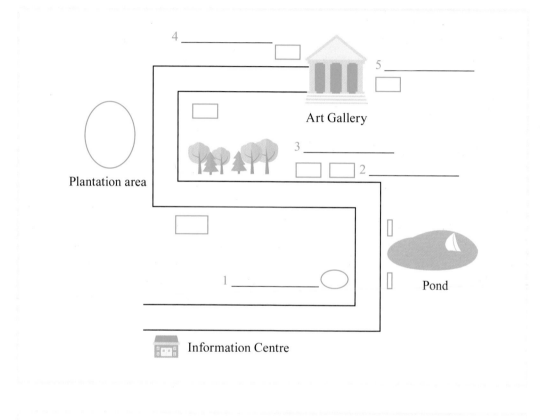

A Café   **B** Vineyard   **C** Restaurant   **D** Rest Room

E Souvenir Shop   **F** Rose Garden   **G** Pottery Shop

You will hear a talk explaining how to get to the Art gallery at the information centre. Listen carefully and answer the questions.

Let's look at the map on the wall. We are here at the information centre. When you leave the information centre, turn right and follow the path. The first area you come to is the Rose Garden on your left, where many different types of roses are planted. As you turn left at the end of the path and go further down the path, you will see a pond on your right where you can sit on benches nearby, watching many kinds of fish swimming.

Soon you will go round the second corner, where you will find a pottery shop on your right. It has a large selection of classic and contemporary ceramics for people of all ages. Next to this is a vineyard, where a wide range of edible, wine, and ornamental grape vines are grown. As you turn right at the third corner, and follow the path further, you will find a plantation area in the middle of the path on your left, where over 200 nut pine trees are growing.

Pass the plantation area and go round the fourth corner. Keep on following the path until you reach the front of a white building, which is the art gallery where the art exhibition is being held. It will take you a good 2 or 3 hours to look around all the exhibitions. On the left side of the building, you will see a modern café where you can visit when you need some rest and refreshments. The gallery has also its own restaurant behind the building.

해석

여러분은 안내소에서 미술관으로 가는 길을 설명하는 담화를 듣게 될 것입니다. 녹음을 잘 듣고 1-5 까지의 질문에 답하세요.

벽에 걸린 지도를 보세요. 우리는 이곳 안내소에 있습니다. 안내소를 나선 후 우회전하여 길을 따라가 십시오. 여러분이 첫 번째로 보는 것은 왼쪽에 있는 장미 정원입니다. 이곳에서는 다양한 종류의 장 미들이 심어져 있습니다. 길 끝에서 좌회전하여 길을 따라가시면, 오른쪽에 연못을 볼 수 있을 것입니 다. 여기서는 근처에 있는 벤치에 앉아서 여러 종류의 물고기들이 헤엄치는 광경을 볼 수 있습니다.

곧 여러분은 두 번째 코너를 지나게 될 것입니다. 여기서 여러분의 오른쪽에 있는 도자기 상점을 발견 할 것입니다. 이 상점에서는 모든 연령층에 맞는 폭넓은 종류의 고전적 또는 현대적인 도자기류를 보 유하고 있습니다. 그 옆에는 포도원이 있습니다. 여기서는 다양한 종류의 식용, 와인용 또는 장식용 포도들이 자라고 있습니다. 세 번째 코너에서 우회전해서 길을 따라 계속 가시면 길 중간 지점, 여러 분의 왼쪽에 조림지역을 보시게 될 것입니다. 이곳에서는 200그루가 넘는 잣나무가 자라고 있습니다.

이 조림지역을 지나서 네 번째 코너를 도십시오. 계속 길을 따라가시면, 흰색 건물의 정면에 도달하 게 될 것입니다. 이곳이 미술 전시회가 열리고 있는 미술관입니다. 전시회를 구경하시려면 두세 시 간은 족히 걸릴 것입니다. 건물의 왼쪽에 현대식 카페가 있습니다. 이곳에 들러서 휴식을 취하거나 음료를 드실 수 있습니다. 미술관은 또한 건물 뒤편에 미술관에서 운영하는 식당을 갖고 있습니다.

아래 지도의 빈칸을 채우시오.
박스에서 다섯 개의 답을 골라 질문 1-5 옆에 A-G에서 적절한 글자를 쓰시오.

A 카페	**B** 포도원	**C** 식당	**D** 화장실
E 기념품점	**F** 장미정원	**G** 도자기 상점	

정답
1. F   2. G   3. B   4. A   5. C

정답 해설

지도에서의 이동 방향은 왼쪽 아래에서부터 S자 형으로 움직인다. 특히 마지막 진술에서 카페와 식당 건물의 위치를 설명할 때 혼동의 여지가 있으므로 집중해서 청취할 필요가 있다. 카페는 건물의 왼쪽에 위치하며, 식당은 건물의 뒤에 있다고 설명하고 있다.

On the left side of the building, you will see a modern café where you can visit when you need some rest and refreshments. The gallery has also its own restaurant behind the building.

Look at the map below.
*Write **NO MORE THAN TWO WORDS** for each answer.*

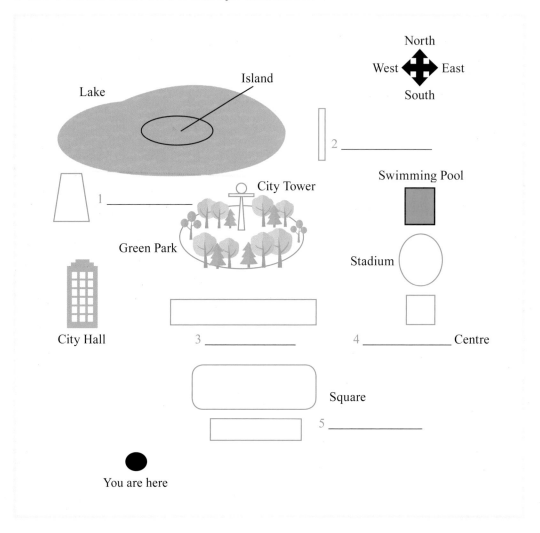

Listening Script

You will hear a tour guide describing the city view seen from the hill. There are five blanks on the map. You have to fill in the blanks with suitable words. Listen carefully and answer the questions.

Here we are at the top of the hill, where we can look down on the whole city. In the west end, you can see a large building, which is City Hall. Close to City Hall in a northward direction is an old stone building which is the city museum. The museum was constructed 300 years ago but most of its architectural features are original since they have been well preserved and carefully maintained. The museum also has many collections of art and antiques.

If you look further to the north, you can see a large lake with a small island in the centre. You can hire a rowing boat at the boat house, which is located at the eastern end of the lake.

At the centre of the city, you will see a large park, which is called Green Park. There is the city tower in the middle of the park, on the top of which is a viewing platform, which is one of the most popular tourist attractions in the city. The large building located in front of the park is the shopping mall.

Out to the east, you see a complex of three buildings, which is the sports village. The building in north end is the swimming pool. The dome type structure in the middle is the football stadium, where international football matches are held every year. The one in south end is the indoor sports centre which has the facilities for indoor sports like badminton, basketball, volleyball, and so on.

On the south side of the city is the railway station with a spacious square in front.

여러분은 관광 안내인이 언덕에서 바라보는 도시 전경을 묘사하는 설명을 듣게 될 것입니다. 지도에는 다섯 개의 빈칸이 있습니다. 여러분의 과제는 빈칸에 적절한 단어를 기록하는 것입니다. 녹음을 잘 듣고 질문에 답하세요.

우리는 이곳 언덕 꼭대기에 있습니다. 여기서는 도시 전체를 내려다볼 수 있습니다. 서쪽 끝에 높은 건물이 보이는데, 이 건물은 시청입니다. 시청 옆, 북쪽 방향에 위치한 오래된 석조 건물은 시립 박물관입니다. 이 박물관은 300년 전에 건설되었으며 건물 요소의 대부분은 잘 보존되고 세심하게 관리되어 원래 상태를 유지하고 있습니다. 이 박물관은 또한 많은 예술품과 골동품을 소장하고 있습니다.

북쪽으로 더 시선을 돌리면, 가운데 섬이 있는 큰 호수가 보입니다. 호수의 동쪽 끝에 위치한 보트하우스에서는 보트를 빌릴 수 있습니다.

도시 중심부에는 큰 공원이 있습니다. 그린 파크로 불리는 곳입니다. 공원 한가운데 시티 타워가 있으며, 타워의 꼭대기에는 전망대가 있습니다. 이 전망대는 이 도시의 가장 인기 있는 관광지 중의 하나입니다. 공원 앞에 위치한 큰 빌딩은 쇼핑몰입니다.

동쪽으로 가면 세 개의 건물 단지가 보입니다. 이곳은 스포츠 빌리지입니다. 북쪽 끝에 위치한 건물은 수영장입니다. 가운데 있는 돔형의 건물은 축구 경기장으로 해마다 국제 축구 경기가 열리는 곳입니다. 남쪽 끝에 위치한 건물은 실내 스포츠 센터로 베드민턴, 농구, 배구 등과 같은 실내 스포츠를 위한 시설이 있습니다.

도시의 남쪽에는 기차역이 있으며, 역 앞에는 넓은 광장이 있습니다.

아래 지도를 보시오.
각 질문에 두 개 이하의 단어로 답하시오.

정답
1. City Museum 2. Boat House 3. Shopping Mall
4. Indoor Sports 5. Railway Station

정답 해설

보기가 주어지지 않은 주관식 문제이다. 답안 작성 단어 수는 2개로 제한되어 있다. 서쪽에서부터 시계 방향으로 설명이 진행된다.

3

Label the map below.
Choose five answers from the box and write the correct letters A-G next to questions 1-5.

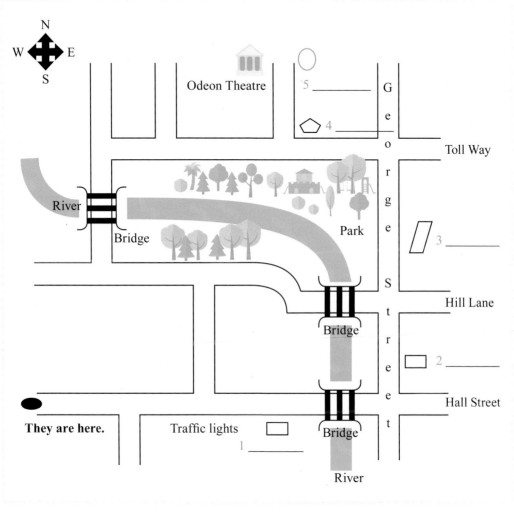

A Hotel   **B** Church   **C** Restaurant   **D** Bank
E Library   **F** Parking lot   **G** Post Office

PART 2

Chapter 5

Chapter 6

Chapter 7

You will hear a conversation between two people. The man asks the woman the way to the Odeon Theatre. Look at the task then listen and answer questions 1-5.

Man: Excuse me. I think I am lost. Can you help me?

Woman: Where do you want to go?

Man: I am going to the Odeon Theatre. Do you know how to get there?

Woman: Yes, I do, but it is a little far from here. Can you write down the directions? So you don't get lost.

Man: Thank you. I am ready.

Woman: You are now on Hall Street heading eastward. Drive straight down the street until you see the first traffic lights. Pass the traffic lights and follow the road. You will see the post office on your right and a bridge in front of you. Keep going, then you will come to an intersection immediately after the bridge. Turn left at the intersection.

Man: Just a moment, please … an intersection after the bridge and … turn left at the intersection.

Woman: Exactly. Then you will be on George Street heading northward. Keep following the road. You will see a bank on your right at the first block. Pass the second intersection and soon you will see a park on your left and a hotel on your right.

Man: OK, pass the second intersection, then I will see the hotel and the park.

Woman: Good, continue driving until you come to the third intersection. You have to turn left at the intersection. Then you will be on Toll way, moving westward. You will see an old church on your right.

Man: I will see an old church on Toll way.

Woman: Yes, if you see the church, you are almost there. Turn right at the first corner after the church. Keep driving along the road. You will soon find the Odeon Theatre on your left.

Man: Does the theatre have its own parking lot?

Woman: Yes, it has. The parking lot is on the opposite side of the theatre building.

Man: How long does it take to get there?

Woman: I think it should take about 20 minutes.

Man: Thank you so much.

해석

여러분은 두 사람 간의 대화를 듣게 될 것입니다. 남자는 여자에게 오데온 극장으로 가는 길을 묻습니다.
문제를 본 후 녹음을 잘 듣고 질문 1–5에 답하세요.

남자: 실례합니다. 길을 잃었습니다. 도와주시겠어요?
여자: 어디로 가기를 원하시나요?
남자: 오데온 극장을 가려고 합니다. 어떻게 가야 하는지 아세요?
여자: 네, 알아요. 하지만 여기서 좀 멀어요. 방향을 받아 적으세요, 길을 잃지 않게요.
남자: 감사합니다, 준비되었습니다.
여자: 우리는 지금 홀 스트리트에서 동쪽 방향으로 향하고 있어요. 먼저 신호등이 보일 때까지 똑바로 운전해 가세요. 그 신호등을 지나서 계속 길을 따라가세요. 오른쪽에 우체국이 있고, 그리고 정면에 다리가 보일 겁니다. 계속 가세요, 그러면 다리를 지나는 즉시 교차로에 이르게 됩니다. 교차로에서 좌회전하세요.
남자: 잠깐만요, ⋯ 다리를 지나면 교차로가 있고 ⋯ 교차로에서 좌회전.
여자: 맞아요. 그러면 조지 스트리트에서 북쪽으로 향하게 됩니다. 계속 길을 따라가세요. 첫 번째 블록에서 오른쪽에 은행 건물을 볼 수 있습니다. 두 번째 교차로를 지나세요, 그러면 곧 왼쪽에 공원, 오른쪽에 호텔이 보일 것입니다.
남자: 알겠습니다. 두 번째 교차로를 지나면 호텔과 공원이 보이고요.
여자: 맞습니다. 세 번째 교차로가 보일 때까지 계속 운전하세요. 그 교차로에서는 좌회전을 해야 합니다. 그러면 톨 웨이에 진입하게 됩니다, 서쪽 방향으로요. 오른쪽에 오래된 교회가 보일 겁니다.
남자: 톨 웨이에서 오래된 교회가 보인다.
여자: 그렇습니다, 교회가 보이면 거의 다 왔습니다. 교회를 지나 첫 코너에서 우회전하세요. 계속 길을 따라가시면, 곧 왼쪽에 오데온 극장이 보일 겁니다.
남자: 극장에 주차장이 있나요?
여자: 네 있어요. 주차장은 극장 건물 맞은편에 있어요.
남자: 그곳까지 가는 데 얼마나 걸리죠?
여자: 약 20분 정도 걸릴 겁니다.
남자: 감사합니다.

아래 지도의 빈칸을 채우시오.
박스에서 다섯 개의 답을 골라 질문 1–5 옆에 A–G에서 적절한 글자를 쓰시오.

A 호텔	**B** 교회	**C** 식당	**D** 은행
E 도서관	**F** 주차장	**G** 우체국	

정답
1. G 2. D 3. A 4. B 5. F

정답 해설

방향은 왼쪽 하단에서 시계 반대 방향으로 진행된다. Landmark는 Traffic lights, Park이며 마지막에 진입하는 도로는 Toll way이다.

Label the map below.

Choose six answers from the box and write the correct letters A-H next to questions 1-6.

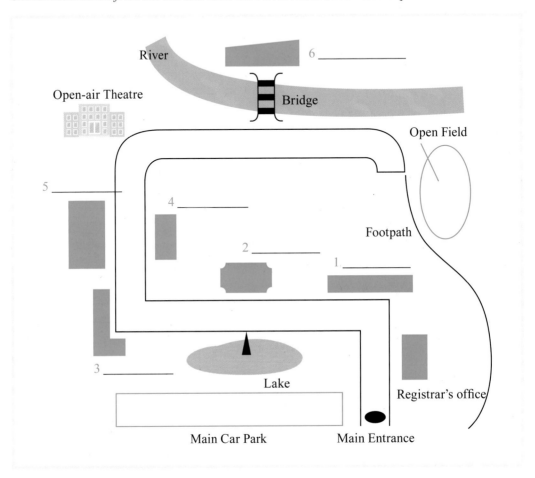

A Theatre	**B** Library	**C** Faculty of Law	**D** Restaurant
E Faculty of Music	**F** Faculty of Science	**G** Business School	
H Faculty of Arts and Humanities			

Listening Script

You will hear an audio tour recorded for visitors to the university campus. Look at the task then listen and answer questions 1-6.

Good morning and welcome to this audio tour of the university campus. Please look at the screen. We will start at the main entrance here. On the left side of the entrance is the main car park, which has been extended recently. It now has more than 2,000 parking spaces for staff and students as well as visitors. Follow the path and the first building you come to on your right is the university registrar's office where enrolment and other administrative matters for students are handled. As you go further down, you will see a white building at the end of the path, which is the Faculty of Arts and Humanities.

And as you turn left at the first corner, you will find to your left an artificial lake with a fountain in the middle. On the opposite side of the lake is the university theatre, which was built in 1980. Since then it has become the venue for important ceremonies like graduations and other public events. Theatrical performances and music concerts are also held in this place.

As you go further down the path, you will see a red brick building, which is the Faculty of Law. If you turn down to the right at the corner, you will find a restaurant to your right. And on your left is the university library, which is a five story building and currently houses about 1.2 million books. As you follow the path further, you will see an open air theatre at the left side corner.

As you go round the corner, you will see the river on your left which runs along the path. There is a bridge across the river in the middle of the path, and just beyond the river, is the Faculty of Science. As you pass the bridge and go further down, you will reach the end of the path. You will see an open field here, and on you right, there is a narrow footpath which will lead you to the main entrance where we started our tour.

여러분은 대학 캠퍼스 방문객들을 위한 오디오 안내 방송을 듣게 될 것입니다. 문제를 본 후 녹음을 잘 듣고 질문 1-6에 답하세요.

안녕하세요, 대학 캠퍼스 오디오 투어에 오신 것을 환영합니다. 화면을 봐주세요. 이곳 정문에서부터 시작하겠습니다. 정문의 왼쪽에는 최근에 확장한 메인 주차장이 있습니다. 주차장은 방문객들뿐 아니라 직원과 학생들을 위해 2,000대 이상의 주차 공간을 확보하고 있습니다. 길을 따라가면 여러분의 오른쪽에 보이는 첫 건물은 대학 교무처입니다. 이곳에서는 학생들을 위한 등록이나 그 외 행정상의 업무를 처리합니다. 계속해서 더 나아가면, 길의 끝에 있는 흰색 건물을 볼 수 있습니다, 이곳은 인문 교양 학부입니다.

그리고 첫 코너에서 좌회전하면, 여러분의 왼쪽에 가운데 분수가 있는 인공 호수를 볼 수 있습니다. 호수의 반대편에는 대학 극장이 있습니다. 극장은 1980년에 건설되었습니다. 그 이후로 졸업식이나 다른 공식 행사와 같은 중요한 일정을 치르는 장소가 되었습니다. 연극이나 음악 콘서트도 이곳에서 열립니다.

길을 계속해서 따라가면, 붉은 벽돌 건물을 보게 됩니다. 이곳은 법학부입니다. 이 코너에서 오른쪽으로 돌면 여러분의 오른쪽에 식당을 볼 수 있습니다. 그리고 왼쪽에는 대학 도서관이 있습니다, 도서관은 5층 건물로 현재 약 120만 권의 도서를 보유하고 있습니다. 길을 계속 따라가면 왼쪽 코너에 야외 극장을 볼 수 있습니다.

그 코너를 돌면, 여러분의 왼쪽에 길을 따라 흐르는 강이 보입니다. 길 중간에 강을 가로지르는 다리가 있습니다, 그리고 강 너머에 이공학부가 있습니다. 다리를 지나쳐서 계속 내려가면 길의 끝에 도달합니다. 여기서는 들판을 볼 수 있습니다. 오른쪽에는 좁은 오솔길이 있는데, 이 길은 우리가 투어를 시작했던 정문으로 통합니다.

아래 지도의 빈칸을 채우시오.
박스에서 여섯 개의 답을 골라 질문 1-6 옆에 A-H에서 적절한 글자를 쓰시오.

A 극장	**B** 도서관	**C** 법학부	**D** 식당
E 음악학부	**F** 이공학부	**G** 경영대	**H** 인문교양학부

정답
1. H 2. A 3. C 4. D 5. B 6. F

정답 해설

캠퍼스 투어는 오른쪽 하단에서 시작하여 q자 모양으로 진행된다. 랜드마크가 되는 장소는 주차장, 호수, 야외 극장, 그리고 다리와 강이다. 방향을 설명할 때 특히 the first corner와 the second corner의 위치를 정확히 파악하는 것도 중요하다. 지도에 둥근 모양으로 표시된 세 번째 코너는 순서에 관한 언급 없이 go round the corner로 언급하고 있다(As you go round the corner). 마지막 설명에서 들판에 도달하기 전 다리를 건너는(cross the bridge) 것이 아니라 다리를 지나쳐서 간다는(pass the bridge) 표현을 정확히 이해해야 한다.

Advanced Exercise

Label the map below.
Choose six answers from the box and write the correct letters A-H next to questions 1-6.

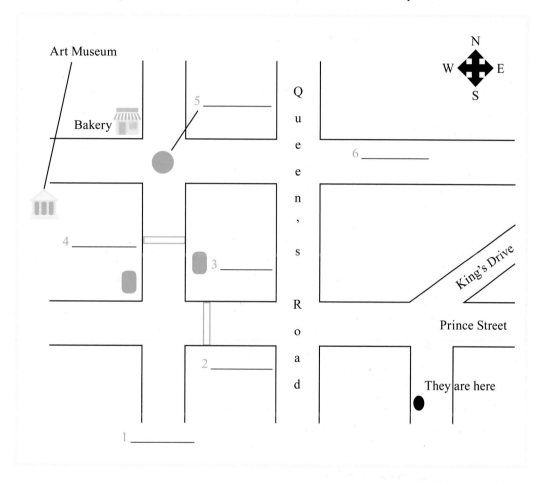

A Bank   **B** Subway   **C** Overpass   **D** Coffee Shop
E Thunder Lane   **F** Roundabout   **G** Convenience Store   **H** Washington Avenue

You will hear a conversation between two people. One person asks another the way to the Contemporary Art Museum. Look at the task then listen and answer questions 1-6.

A: Excuse me. Could you tell me how to get to the Contemporary Art Museum from here?

B: Art Museum? Do you mean the art centre which was recently built for visual art exhibitions?

A: Yes, you are right. Do you know where it is?

B: Sure, I do. It is not far from here. It will take around 20 minutes or so to get there. First of all, you are now in the King's Drive facing the north. Go to the end of the intersection and turn left. Then you will be on Prince Street heading west. Go straight ahead and continue over the next intersection, which is Queen's Road. Cross the intersection and keep going along the street until you get to the next intersection which is Washington Avenue. You have to turn right there.

A: You mean I have to turn right at Washington Avenue, which is two blocks away from the first corner of Prince Street?

B: Exactly. Ah! I just missed one thing. Before you get to Washington Avenue, you need to cross to the other side of Prince Street by the subway first. You will see a pedestrian subway before you get to the intersection. Go down to the subway and cross the road. After coming out of the subway, walk along the street for about 20 metres then you will get to Washington Avenue. Well, it could be more than 20 metres … 30 metres probably. Anyway the subway is quite near to Washington Avenue. When you come into Washington Avenue, turn right and keep walking while staying on the same side of the road, until you get to a pedestrian overpass halfway along the block, just next to a convenience store. Cross the road by taking the overpass.

A: Do I have to use the overpass? Is there any other crossing?

B: Well … there is one at the roundabout where Washington Avenue and Thunder Lane meet. But the traffic there is very busy at this time of the day, so I recommend you take the overpass.

A: OK, I understand. What should I do after crossing the road by the overpass?

B: Keep walking northward along the road until you reach the roundabout. When you get to the roundabout, turn left and you will see a bakery across the road on your right. Continue walking west for about 100 metres. Then you will find a contemporary architectural style building on your left, which is the Art Museum. The building has become a new landmark in this area, so you can't miss it.

해석

여러분은 두 사람간의 대화를 듣게 될 것이다. 한 사람이 다른 사람에게 미술관으로 가는 길을 묻는다. 문제를 본 후 녹음을 잘 듣고 질문 1-6에 답하시오.

A: 실례합니다. 여기서 현대 미술관으로 어떻게 가는지 말씀해주시겠습니까?

B: 미술관이요? 시각 미술 전시회를 위해 최근에 지어진 미술관 말씀인가요?

A: 네, 맞아요. 그곳이 어딘지 아세요?

B: 네, 압니다. 여기서 멀지 않아요. 그곳까지 가려면 약 20분 정도 걸릴 겁니다. 우선, 당신은 킹즈 드라이브에 있습니다. 북쪽을 향하고 있고요. 사거리 끝까지 가서서 좌회전하세요. 그러면 프린스가에 들어서서 서쪽을 향하게 됩니다. 앞으로 직진해서 다음 사거리까지 가세요, 그곳은 퀸즈 로드입니다. 사거리를 건너서 다음 사거리까지 계속 길을 따라가세요. 그곳은 워싱턴 에브뉴입니다. 그곳에서 우회전해야 합니다.

A: 프린스가의 첫 코너에서 두 블록 떨어져 있는 워싱턴 에브뉴에서 오른쪽으로 돌아야 한다는 말씀이지요.

B: 맞습니다. 참! 한 가지를 잊었군요. 워싱턴 에브뉴까지 가기 전에 지하도를 이용해서 프린스가의 건너편으로 길을 건너야 합니다. 사거리까지 가기 전에 보행자를 위한 지하도를 보실 것입니다. 지하도로 내려가서 길을 건너세요. 지하도를 빠져 나와 길을 따라 대략 20미터 정도 가면 워싱턴 에브뉴에 도달합니다. 글쎄요, 어쩌면 20미터보다 더 멀 수도 있겠네요 … … 아마 30미터 정도 될 수도 있습니다. 어쨌건 지하도는 워싱턴 에브뉴와 아주 가까워요. 워싱턴 에브뉴에 도착하면 우회전해서 그 블록의 중간 지점에 있는 보행자용 육교에 도달할 때까지 같은 쪽 길로 계속 걸어 가세요, 육교는 편의점 바로 다음에 있어요. 육교를 이용해서 길을 건너세요.

A: 꼭 육교를 이용해야 합니까? 다른 건널목은 없나요?

B: 글쎄요 … 워싱턴 에브뉴와 선더 레인이 만나는 로터리에 건널목이 하나 있기는 합니다. 하지만 그곳은 지금 이 시간에는 차들이 많이 다닙니다. 그래서 육교를 이용할 것을 권합니다.

A: 알겠습니다. 육교로 길을 건넌 후 어떻게 해야 하나요?

B: 로터리가 나올 때까지 길을 따라 계속 북쪽 방향으로 걸어가세요. 로터리에 도착하면 왼쪽으로 도세요, 그러면 길 건너 오른쪽에 제과점을 볼 수 있습니다. 계속해서 서쪽으로 약 100미터 정도 걸어가세요. 그러면 왼쪽에 현대 건축 양식으로 지어진 건물을 발견하게 될 겁니다, 그곳이 미술관입니다. 그 건물은 이 지역의 새로운 랜드마크가 되었습니다, 그래서 바로 눈에 띌 겁니다.

아래 지도의 빈칸을 채우시오.
박스에서 여섯 개의 답을 골라 질문 1-6 옆에 A-H에서 적절한 글자를 쓰시오.

A 은행	**B** 지하도	**C** 육교	**D** 커피숍
E 선더 레인	**F** 로터리	**G** 편의점	**H** 워싱턴 에브뉴

정답
1. H 2. B 3. G 4. C 5. F 6. E

Note/Table Completion

Note/Table Completion은 대화나 담화에서 제공되는 정보 중에서 필요한 사항을 선별해서 듣고 기록하는 능력을 테스트하는 문제이다. 테스트의 주 과제는 녹음을 통해 들려지는 내용의 요점이나 중요 사항이 기록된 메모, 쪽지 또는 목록 등의 빈칸에 들어갈 적절한 단어나 숫자를 기록하는 것이다. 정답을 찾기 위해서는 메모나 목록을 보고 빈칸, 즉 누락된 정보의 종류를 미리 예측하는 능력과, 녹음 내용을 듣고 질문이 요구하는 특정 정보를 정확히 찾아서 기록하는 능력이 필요하다.

지시문의 예:

Complete the notes below.
Write *NO MORE THAN TWO WORDS AND/OR A NUMBER* for each answer.

JOB ENQUIRY

Work at:
Type of work: _____
Number of hours per week: 25 hours
Pay: € _____ an hour

Complete the notes below.
Write *ONE WORD AND/OR A NUMBER* for each answer.

School Trip Itinerary

Meeting point: Local Airport
Meeting Time: 1 _____ A.M.
Departure Time: 12 Noon
Arrival Time: 2 _____ P.M.

문제 풀이 Tips

1. 녹음의 intro 부분에 주의한다. 여기서 앞으로 들려질 녹음의 내용에 관한 정보가 제공된다.

2. 문항 수에 따라 30 또는 45초 이내에서 지시문과 문제를 − note 또는 table − 읽는 시간이 주어진다. 이 시간을 이용해서 지시문의 요구 및 문제의 주요 사항들을 체크해야 한다.

3. 먼저 지시문을 읽고 정답으로 요구하는 단어 수를 확인하고 highlight하거나 또는 밑줄을 그어 표시한다.

   지시문의 예:

   Complete the notes below.
   Write **ONE WORD ONLY** for each answer.
   Complete the notes below.
   Write **ONE WORD AND/OR A NUMBER** for each answer.
   Complete the notes below.
   Write **NO MORE THAN TWO WORDS AND/OR A NUMBER** for each answer.

4. 문제로 제공되는 note 또는 table에 title과 subtitle이 있는지 확인한다.

   title은 업무나 작업의 종류 또는 논의 사항이나 강연의 주제가 무엇인지 알려주며 subtitle는 title의 주제가 어떻게 세부적으로 분류되어 있는지 알려준다. 예를 들면 title이 Office repair work이라면 대화의 주제는 사무실 보수 공사에 관한 것이며 이에 대한 subtitle로는 Type of work(작업의 종류), Working hours(작업 시간), Work expense(작업 비용) 등이 될 수 있다. 이들은 모두 빈칸에 들어가야 할 정보의 종류를 유추할 수 있게 하는 중요한 단서가 된다.

5. 녹음이 시작되기 전, note나 table의 전체 내용을 살핀다.

   이를 통해 대화나 담화의 상황이나 주제가 무엇인지 알 수 있으며, 세부 사항에서 빈칸에 들어가야 할 정보의 종류 등에 관해 추리하고, 이를 바탕으로 정답으로 사용할 수 있는 정보의 종류를 미리 예상할 수 있다. 예) 작업의 종류, 작업 소요 기간 또는 작업 비용 등

6. 위 사항들을 모두 숙지하고 있으면 녹음 청취가 시작되었을 때, 빈칸에 필요한 정보가 나오는 것을 미리 예상할 수 있다. 녹음의 정보는 note 또는 table에 기록된 항목의 순서와 동일한 순서로 제공된다.

7. 청취가 끝난 후, 문제지의 여백에 기록했던 답을 답안지로 옮겨 적을 수 있는 시간이 30초 정도 제공된다. 이 시간 동안 선택한 답안의 적절성을 최종 확인한 후 정답으로 기록한다.

〈확인 사항〉
① 제한된 단어 수를 초과하지 않는가? 예) one word only / no more than two words
② 선택한 답안이 빈칸이 요구하는 정보의 종류에 부합하는가? 예) 장소, 인명 또는 시간이나 숫자 등
③ 문법 및 철자법은 정확한가?

유의 사항

1. Note Completion은 Listening 테스트에서 가장 빈번하게 출제되는 유형의 문제이다.

   전반과(Section 1/2) 후반 (Section 3/4) 중 어느 부분에서도 출제될 수 있으며, 한 테스트 내에서 두 번 중복해서 출제될 수도 있다.

2. 진반부는 주로 대화 내용 중에서 이름, 장소 또는 주소의 일부나 수에 관한 정보를 찾는 유형의 문제가 나온다. 이에 반해 후반부에서는 강의나 강연 등의 담화를 듣고 요점이나 중요 사항 중 누락된 부분을 찾아 기록하는 문제를 주로 다룬다.

4. 문제에서 제공되는 title과 subtitle은 빈칸에 들어가야 할 정보의 종류를 예측하고 또 녹음을 청취할 때 정답이 포함된 부분을 예상할 수 있게 하는 중요한 단서가 되므로 주의 깊게 읽고 그 내용을 파악해야 한다(Tip 4).

5. 녹음의 정보는 note나 table의 빈칸에 기록될 정보의 순서와 동일하게 제공된다(Tip 6).

6. 답안은 녹음에서 청취한 단어나 표현을 변형하지 않고 그대로 기록해야 한다. 단 관사는 기록할 필요가 없다(a, an 또는 the).

Exercise

Start-up Exercise

Complete the notes below.
*Write **ONE WORD AND/OR A NUMBER** for each answer.*

Example Question	Answer
The woman wants to buy	Mountain bike

Receipt

Item 1: Mountain Bike
Retail price: £120
Discount rate: 1 _____ %
Sale price: 2 £_____

Item 2: 3 _____
Retail price: £20
Discount rate: 4 _____ %
Sale price: 5 £ _____

Delivery Charge: Not Applicable
Total Price: £114

Vocabulary

training wheels 보조 바퀴   after he's gotten used to ... 그가 …에 익숙해진 후에   20% off the price 20% 가격 할인   attach 부착하다   bike accessories 자전거 부속품

How to approach

1. 녹음의 intro 부분을 듣고 상황을 이해한다. 자전거 매장에서의 직원과 손님과의 대화이다.

2. 요구 단어 수를 확인한다. 지시문에 의하면 답안은 한 개 단어 또는 숫자가 사용되어야 한다.

3. 여분의 시간 동안 note의 전체 내용을 살핀다. 상품을 구입한 영수증이 note로 제공된다. 영수증에는 품목의 이름과 가격 그리고 할인율 등이 기록되어 있다. 빈칸에 들어가야 할 정보는 다음과 같다:

1. Sale price: 1 £ _____ (구매한 물품 1의 가격)
2. Discount rate: 2 _____ % (구매한 물품 1의 할인율 – 숫자)
3. Item 2: 3 _____ (구매한 물품 2의 종류 – 이름)
4. Sale price: 4 £ _____ (구매한 물품 2의 가격)
5. Discount rate: 5 _____ % (물품 2의 할인율 – 숫자)

4. 녹음에서 해당 정보가 나올 때 답안을 작성한다. 녹음의 정보 제공 순서는 빈칸에 기록될 답안의 순서와 동일하다.

Man: Its retail price is £120 including the training wheels. But we are on sale now, so you can get 20% off the price. The discounted price for the bike is £96.

Woman: That's great. Can you attach a basket to the bike?

Man: Yes, we can. The price for a basket is £20, and the discount rate for bike accessories is 10%. So it comes down to £18.

5. 청취가 끝난 후, 여분의 시간 동안 선택한 답안의 적절성을 최종 확인한 후 답안지에 옮겨 적는다.

Listening Script

You will hear a conversation between a woman and a staff member at a bike shop. The woman wants to buy a bike for her son. First you have some time to look at questions 1-5.
(20 Seconds)
You will see there is an example that has been done for you. On this occasion, only the conversation relating to this will be played first.

Man: Can I help you?
Woman: Yes, I am looking for a bike for my son.
Man: How old is he?
Woman: He is six years old and has never ridden a bike before.
Man: I see. Please come this way. … Children's bikes are here. Do you have any particular type and colour in mind?
Woman: Yes, I do actually. My boy wants to have a mountain bike and his favourite colour is blue.

The woman wants to buy a mountain bike, so mountain bike has been written in the space. Now we shall begin. You should answer the questions as you listen because you will not hear the recording a second time. Listen carefully and answer questions 1-5.

Man: Can I help you?
Woman: Yes, I am looking for a bike for my son.
Man: How old is he?
Woman: He is six years old and has never ridden a bike before.
Man: I see. Please come this way. … Children's bikes are here. Do you have any particular type and colour in mind?
Woman: Yes, I do actually. My boy wants to have a mountain bike and his favourite colour is blue.
Man: Mountain bike in blue … Let me see … How about this one? It is a new model and comes with training wheels, which can be removed after he's gotten used to riding a bike.
Woman: It looks good. How much is it?
Man: Its retail price is £120 including the training wheels. But we are on sale now, so you can get 20% off the price. The discounted price for the bike is £96.
Woman: That's great. Can you attach a basket to the bike?
Man: Yes, we can. The price for a basket is £20, and the discount rate for bike accessories is 10%. So it comes down to £18.
Woman: OK, I will take it. How much should I pay in total?
Man: Thank you ma'am. The total will be £114. Do you need a delivery service?
Woman: No, thank you, I will take it with me.

여러분은 자전거 매장에서 여자와 직원의 대화를 듣게 될 것입니다. 여자는 아들의 자전거를 사려고 합니다. 먼저, 여러분에게 질문 1-5를 살펴볼 수 있는 시간이 주어집니다.

(20초)

여러분은 이해를 돕기 위한 보기 문제 풀이를 보게 될 것입니다. 이를 위해 관련된 대화의 녹음이 먼저 들려질 것입니다.

남자: 무엇을 도와드릴까요?

여자: 아들이 탈 자전거를 찾고 있어요.

남자: 아드님이 몇 살인가요?

여자: 여섯 살인데 아직 자전거를 한 번도 타본 적이 없어요.

남자: 알겠습니다. 이쪽으로 오시지요 … 아이들을 위한 자전거는 이곳에 있습니다. 염두에 두신 종류나 색상이 있나요?

여자: 네, 있습니다. 우리 아이는 마운틴 자전거를 원해요 그리고 좋아하는 색상은 청색입니다.

여자는 마운틴 자전거를 사기를 원합니다. 따라서 빈칸에는 마운틴 자전거라고 기록되었습니다. 이제 시작합니다. 여러분은 청취를 하면서 질문에 답해야 합니다. 왜냐하면 녹음은 두 번 들려지지 않기 때문입니다. 주의해서 듣고 질문 1-5에 답하세요.

남자: 무엇을 도와드릴까요?

여자: 아들이 탈 자전거를 찾고 있어요.

남자: 아드님이 몇 살인가요?

여자: 여섯 살인데 아직 자전거를 한 번도 타본 적이 없어요.

남자: 알겠습니다. 이쪽으로 오시지요 … 아이들을 위한 자전거는 이곳에 있습니다. 염두에 두신 종류나 색상이 있나요?

여자: 네, 있습니다. 우리 아이는 마운틴 자전거를 원해요 그리고 좋아하는 색상은 청색입니다.

남자: 청색 마운틴 바이크라 … 어디 보자 … 이것은 어떻습니까? 새로운 모델에 보조바퀴가 딸려 있습니다. 보조바퀴는 아이가 자전거 타는 것에 익숙해진 후 제거할 수 있습니다.

여자: 좋아 보이는군요. 가격은 얼마인가요?

남자: 판매 가격은 보조바퀴를 포함해서 120파운드입니다. 하지만 지금 할인 판매 중입니다, 그래서 그 가격에서 20% 할인이 됩니다. 할인 가격은 96파운드입니다.

여자: 잘됐군요. 자전거에 바구니를 부착할 수 있나요?

남자: 네, 할 수 있습니다. 바구니의 가격은 20파운드입니다. 자전거 부속품의 할인율은 10%입니다. 그러면 가격은 18파운드로 떨어집니다.

여자: 그것을 사겠습니다. 가격이 모두 얼마죠?

남자: 감사합니다, 부인. 총 액수는 114파운드입니다. 배달 서비스가 필요하신가요?

여자: 괜찮습니다. 가지고 갈 겁니다.

아래 노트를 채우시오.
각 질문은 하나의 단어 혹은 하나의 숫자로 답하시오.

영수증

항목: 마운틴 바이크
소비자가: 120파운드
할인율: 1 <u>20</u> %
할인가: 2 <u>96</u>파운드

항목: 3 <u>바구니</u>
소비자가: 20파운드
할인율: 4 <u>10</u> %
할인가: 5 <u>18</u>파운드

배달료: 해당 없음
총액: 114파운드

정답
1. 20   2. 96   3. Basket   4. 10   5. 18

1

Complete the notes below.

*Write **NO MORE THAN TWO WORDS AND/OR A NUMBER** for each answer.*

To let

Accommodation Type: 1 _____
Parking: Allocated parking
Parking Charge: 2 _____ per month
Flat Rent: 3 _____ per month
Bills: Not Included
The Man's Moving-in Day: 4 _____

(**Vocabulary**)

to let 셋방 있음   studio flat 원룸아파트   refurbish 개장하다, 다시 단장하다

Listening Script

You will hear a conversation between a man and an estate agent. They are having a conversation while looking around an accommodation available. First you have some time to look at questions 1-4.

(20 Seconds)

Now we shall begin. You should answer the questions as you listen because you will not hear the recording a second time. Listen carefully and answer questions 1-4.

Woman: Here is the studio flat to let. Come inside and have a look around.

Man: Thank you. Wow, it is nice and clean.

Woman: Yes, it really is. There is a large sitting space in the middle. It was completely refurbished and redecorated recently.

Man: Yes, I can see that, and it looks spacious.

Woman: Where do you work? Is your office far from here?

Man: No, my office building is not very far from here. Probably less than 10 minutes' drive I think, so its location is perfect for me. By the way, where should I park? Does it have a parking space?

Woman: Yes, it does. There are allocated parking spaces behind the building. You can apply to the maintenance office for one after moving in. The parking fee is 35 dollars per month. There are also some spare parking spaces in front of the building, which are for temporary visitors.

Man: I see. How much did you say the rent is?

Woman: 700 dollars per month, but bills are not included. It is a good price considering its location.

Man: OK, I will take it. When can I move in?

Woman: It is currently vacant. So you can move in whenever you want. When do you want to move in?

Man: I'd like to move in this Saturday.

Woman: No problem, you can move in on Saturday.

여러분은 남자와 부동산 중개인과의 대화를 듣게 될 것입니다. 이들은 나와 있는 집을 둘러보며 대화를 나누고 있습니다. 먼저, 여러분에게 질문 1-4를 살펴볼 수 있는 시간이 주어집니다.
(20초)
이제 시작합니다. 여러분은 청취를 하면서 질문에 답해야 합니다, 왜냐하면 녹음은 두 번 들려지지 않기 때문입니다. 주의해서 듣고 질문 1-4에 답하세요.

여자: 바로 이 원룸입니다. 안으로 들어가셔서 둘러보세요.

남자: 감사합니다. 와우! 집이 깨끗하고 좋군요.

여자: 네, 그래요. 가운데 넓은 거실 공간이 있어요. 최근에 전체를 다시 수리하고 장식도 했지요.

남자: 그렇게 보입니다, 그리고 공간도 넓군요.

여자: 어디서 근무하고 계신가요? 여기서 직장이 먼가요?

남자: 아니요, 저의 사무실 건물은 이곳에서 멀지 않아요. 아마 차로 10분 이내 거리일 것 같군요. 그래서 위치는 제게 아주 적합합니다. 그런데 차는 어디에 주차를 하죠? 주차 공간이 있나요?

여자: 네, 있어요. 건물 뒤에 지정 주차장이 있어요. 이사하시고 난 후 관리실에 주차 공간을 신청하셔야 합니다. 한 달 주차료는 35달러입니다. 건물 앞에 여분의 주차 공간이 있는데, 그것은 잠시 방문하는 사람들을 위한 것입니다.

남자: 알겠습니다. 집세가 얼마라고 하셨죠?

여자: 한 달에 700달러입니다. 공공요금은 포함되어 있지 않습니다. 위치를 고려한다면 좋은 가격입니다.

남자: 좋습니다, 계약을 하겠습니다. 언제 이사할 수 있나요?

여자: 현재 비어 있습니다. 그러니 언제라도 원하시면 이사하실 수 있습니다. 언제 이사하기를 원하시나요?

남자: 이번 토요일 이사를 하고 싶습니다.

여자: 아무런 문제 없습니다, 토요일 이사하시면 됩니다.

아래 노트를 채우시오.
각 질문에 두 개 이하의 단어 혹은 하나의 숫자로 답하시오.

방 있음

숙소 형태: 1 <u>원룸</u>
주차: 지정 주차
주차료: 한 달에 2 <u>35달러</u>
집세: 한 달에 3 <u>700달러</u>
공공요금: 미포함
남자의 입주일: 4 <u>토요일</u>

---

1. Studio flat   2. 35 dollars / $35   3. 700 dollars / $700   4. Saturday

정답 해설

한 남자와 부동산 중개인이 임대 매물로 나온 아파트를 둘러 보면서 대화를 나누고 있는 상황이다. 답안은 두 단어 이하 또는 숫자로 기록해야 한다. 빈칸이 있는 note에 들어갈 정보는 대화에서 제공되는 정보의 순서와 일치한다.

1. 숙소의 종류에 관한 대화
   Woman: Here is the studio flat to let.

2. 주차료에 관한 대화
   Woman: The parking fee is 35 dollars per month.

3. 임대료에 관한 대화
   Man: I see. How much did you say the rent is?
   Woman: 700 dollars per month. but bills are not included.

4. 이사 날짜에 관한 대화
   Man: I'd like to move in this Saturday.
   Woman: No problem. you can move in on Saturday.

Complete the notes below.
Write ONE WORD AND/OR A NUMBER for each answer.

Regional Managers' Meeting Conference

Speaker: Stephanie Clifford

Topic: 1 _____ Performance
Time: 10 AM, 2 _____
Venue: 3 _____ Hotel & Convention Centre

Means of Transportation: 4 _____ and Underground

(**Vocabulary**)

regional 지역의   script 대본, 원고   material 자료   venue 장소, 개최지   tube 지하철(영)   underground 지하철(영)

Listening Script

You will hear a conversation between two colleagues. They are talking about a conference which is one of them is going to attend. First you have some time to look at questions 1-4.
(20 Seconds)
Now we shall begin. You should answer the questions as you listen because you will not hear the recording a second time. Listen carefully and answer questions 1-4.

Man: Stephanie, I heard you have a presentation at the regional managers' meeting this week in London. Is everything ready for it?

Woman: Yeah, I have almost finished. I am reviewing my scripts and related materials at the moment.

Man: What are you going to talk about at the conference?

Woman: I chose 'Team Performance' as my topic. I will talk about how to improve teamwork skills.

Man: That sounds interesting. When is the conference meeting being held?

Woman: It begins at 10 o'clock on Tuesday. I have to leave early in the morning to get there.

Man: Tuesday? Today is Monday, then you have to leave tomorrow morning. I thought you still had a few more days. Are you going to drive yourself?

Woman: No, I will take the train. It is much faster than going by car and there is no need to worry about the morning traffic. The conference venue is Hilton Hotel and Convention Centre, which is one of the busiest areas in the city. So, I will use the tube to get there from the station.

Man: I think that's a very good idea. If you take the train and underground, you don't have to worry about the traffic jam of the city at all.

Woman: No, I don't. Besides, I can have some extra time to review my presentation on the train.

Man: That also seems like a good idea. I wish you good luck.

여러분은 두 직장 동료간의 대화를 듣게 될 것입니다. 이들은 이들 중 한 사람이 참석할 컨퍼런스에 관해 대화를 나누고 있습니다. 먼저, 여러분에게 질문 1-4를 살펴볼 수 있는 시간이 주어집니다. (20초)

이제 시작합니다. 여러분은 청취를 하면서 질문에 답해야 합니다. 왜냐하면 녹음은 두 번 들려지지 않기 때문입니다. 주의해서 듣고 질문 1-4에 답하세요.

남자: 스테파니, 이번 주 런던에서 열리는 지역 매니저 회의에서 발표를 한다고 들었어. 준비는 잘 되어가고 있어?

여자: 그래, 거의 다 끝냈어. 지금 내 원고와 연관된 서류들을 재검토하고 있는 중이야.

남자: 회의에서 무엇에 관해 이야기할 거니?

여자: 나는 '팀 퍼포먼스'를 주제로 정했어. 나는 팀 작업 능력을 향상시키는 방법에 관해 말하려고 해.

남자: 그것 흥미로운데. 회의는 언제 시작해?

여자: 회의는 화요일 10시에 시작해. 그곳에 가려면 아침 일찍 출발해야 해.

남자: 화요일? 오늘이 월요일이니까, 그렇다면 내일 아침에 출발해야겠군. 나는 며칠 더 여유가 있다고 생각했어. 운전해서 갈 예정이니?

여자: 아니, 기차로 갈 거야. 차보다 빠르고 아침 교통체증도 걱정할 필요가 없거든. 회의 장소는 힐튼 호텔 컨벤션 센터야, 시내에서 가장 혼잡한 지역이지. 그래서 역에 도착하면 지하철로 그곳까지 가려고 해.

남자: 좋은 생각이야. 기차와 지하철을 이용한다면 시내 교통체증을 전혀 걱정할 필요가 없겠지.

여자: 맞아, 걱정할 필요가 없지. 게다가, 기차 안에서 발표 자료를 검토할 수 있는 여분의 시간도 가질 수 있지.

남자: 그것 또한 좋은 생각이군. 잘 하길 바라.

아래 노트를 채우시오.
각 질문은 하나의 단어 혹은 하나의 숫자로 답하시오.

지역 매니저 회의

발표자: 스테파니 클리포드

주제: 1 <u>팀</u> 퍼포먼스
시간: 2 <u>화요일</u>, 10시
장소: 3 <u>힐튼</u> 호텔 컨벤션 센터

교통수단: 4 <u>기차</u>와 지하철

정답: 1. Team   2. Tuesday   3. Hilton   4. Train

정답 해설

두 직장 동료가 이들 중 한 사람이 참석할 컨퍼런스에 관해 이야기하고 있는 상황이다. 문제로 제시된 note를 살펴보면 빈칸에 들어가야 할 표현은 발표 제목의 일부분, 회의가 시작되는 요일, 회의가 열리는 호텔명, 그리고 교통수단 중의 하나이다.

1. 주제가 무엇인가에 관한 대화:
   Woman 1: What are you going to talk about at the conference?
   Woman 2: I chose 'Team Performance' as my topic. …

2. 컨퍼런스가 열리는 시간과 날짜에 대한 대화:
   Woman 1: That sounds interesting. When is the conference meeting being held?
   Woman 2: It begins at 10 o'clock on Tuesday. …

3. 컨퍼런스가 열리는 장소에 대한 언급:
   Woman 2: … The conference venue is Hilton Hotel and Convention Centre, which is …

4. 교통편에 대한 대화
   Woman 1: … Are you going to drive for yourself?
   Woman 2: No. I will take the train. … I will use the tube to get there from the station.

3

Complete the notes below.

Write **ONE WORD AND/OR A NUMBER** for each answer.

School Trip Itinerary

Meeting Point: Local Airport
Meeting Time: 1 _____ A.M.

Departure Time: 12 Noon
Arrival Time: 2 _____ P.M.
Destination City: 3 _____

Lodging Place: Marriot Park Hotel
Dinner Time: 5:30 P.M.

Musical Title: Beauty and the Beast
Starting Time: 4 _____ P.M.
Ending Time: 8:30 P.M.

Bedtime: 5 _____ P.M.

(**Vocabulary**)

travel itinerary 여행 일정   check in and get through security 체크인을 하고 보안 검사를 통과하다   see a
musical 뮤지컬을 보다, 관람하다   Beauty and the Beast 미녀와 야수

Listening Script

You will hear a teacher giving a talk to her students. They are going on a school trip tomorrow. Therefore, the teacher is trying to explain the details of their itinerary to the students. First you have some time to look at questions 1-5.

(20 Seconds)

Now we shall begin. You should answer the questions as you listen because you will not hear the recording a second time. Listen carefully and answer questions 1-5.

Attention everyone, I am going to tell you the itinerary for our trip. First, everyone should meet at the airport at 10 tomorrow morning. We need time to check in and get through security. Our plane departs at 12 noon. We will arrive in Washington at 2 P.M.

When we arrive at Washington airport, we will take a bus from the airport to the hotel. It will take about 30 minutes. The hotel we are going to stay is Marriot Park Hotel on Woodley Road. We will stay there for three days. The dinner at the hotel will be ready for us at 5:30 P.M. You can have free time until then, but if you decide to leave the hotel, you need to inform your teacher of your whereabouts. You have one hour for dinner.

After that, we are planning to see a musical, which starts at 7 P.M. Therefore, after dinner we all meet at the hotel lobby at 6:30 P.M. The theatre is just 10 minutes' walk away from the hotel. The title of the musical is 'Beauty and the Beast.' The show will last for one and a half hours. So, it will end at 8:30 P.M.

After the show we will be back to the hotel and you can have free time until you go to bed. However, I recommend you to go to sleep before 11 P.M. at the latest, because the next morning, we will …

여러분은 교사가 그의 학생들에게 지시 사항을 전달하는 담화를 듣게 될 것입니다. 이들은 내일 수학 여행을 갈 것입니다. 그래서, 교사는 학생들에게 여행의 세부 일정에 관해 설명을 하려 합니다. 먼저, 여러분에게 질문 1-5를 살펴볼 수 있는 시간이 주어집니다.
(20초)
이제 시작합니다. 여러분은 청취를 하면서 질문에 답해야 합니다. 왜냐하면 녹음은 두 번 들려지지 않기 때문입니다. 주의해서 듣고 질문 1-5에 답하세요.

잘 들으세요, 여러분. 수학여행 일정을 말하겠습니다. 우선, 모두 내일 아침 10시에 공항에서 만나야 합니다. 우리는 체크인을 하고 공항 보안 검사를 통과하는 시간이 필요합니다. 우리 비행기는 12시 정오에 출발합니다. 워싱턴에는 오후 2시 도착합니다.

워싱턴 공항에 도착하면, 공항에서 호텔까지는 버스로 이동할 것입니다. 시간은 30분 걸립니다. 우리가 갈 호텔은 우들리가에 있는 메리엇 파크 호텔입니다. 우리는 그 호텔에서 3일 동안 머물 것입니다. 호텔에서의 저녁 식사 시간은 오후 5시 30분입니다. 그때까지는 자유 시간입니다, 하지만 호텔 밖을 나가고자 할 때는 여러분의 선생님에게 소재를 알려주어야 합니다. 식사 시간은 한 시간입니다.

저녁 식사 후에는 7시에 시작하는 뮤지컬을 볼 계획입니다. 그러므로 저녁 식사 후, 우리는 모두 호텔 로비에 6시 30분까지 모여야 합니다. 호텔에서 극장까지는 불과 걸어서 10분 거리입니다. 뮤지컬 제목은 '미녀와 야수'입니다. 공연은 한 시간 반 걸립니다. 그러니까 8시 30분에 끝납니다.

공연이 끝나면 호텔로 돌아와, 잠자리에 들기 전까지 자유시간을 갖습니다. 하지만 늦어도 11시까지는 잠자리에 들어야 합니다, 왜냐하면 내일 아침에 우리는 …

아래 노트를 채우시오.
각 질문은 하나의 단어 혹은 하나의 숫자로 답하시오.

수학여행 일정

만나는 장소: 지역 공항
만나는 시간: 오전 1 <u>10</u>시

출발시간: 정오
도착시간: 오후 2 <u>2</u>시
목적지: 3 <u>워싱턴</u>

숙박장소: 메리엇 파크 호텔
저녁 식사 시간: 오후 5시 30분

뮤지컬 제목: 미녀와 야수
시작시간: 오후 4 <u>7</u>시
종료시간: 오후 8시 30분

취침시간: 오후 5 <u>11</u>시

정답

1. 10 / ten   2. 2 / two   3. Washington   4. 7 / seven   5. 11 / eleven

정답 해설

교사가 학생들에게 수학 여행 일정에 관해 설명하고 있다. 필요한 답안 정보는 각 일정의 시간과 도시명이다.

1. ⋯ everyone should meet at the airport at 10 tomorrow morning.

2-3. ⋯ We will arrive in Washington at 2:00 P.M.

4. ⋯ we are planning to see a musical, which starts at 7:00 P.M

5. ⋯ I recommend you to go to sleep before 11 P.M. at the latest ⋯

Complete the notes below.
*Write **NO MORE THAN THREE WORDS AND/OR A NUMBER** for each answer.*

Earthworms

The number of species: 1 _____ species
The size of earthworms: from 3 cm to 2 ___ m
Agricultural benefits: They make the soil more 3 _____.
The average life span: 4-8 years
The number of hearts: 4 ___ pairs
Respiration: Through 5 _____

Vocabulary

earthworm 지렁이 agricultural ecosystem 농업 생태계 digging 땅파기, 채굴 dig 땅을 파다 burrowing 굴파기 burrow 굴을 파다, 들추다, 뒤적이다 aerate 공기가 통하게 하다 fertilizer 비료 nitrogen 질소 excrete 배설하다, 분비하다 hermaphrodite 자웅동체 cold-blooded 냉혈의

Listening Script

You will hear a professor giving a lecture on earthworms. He is explaining why earthworms are so important in the agricultural ecosystem, along with some interesting facts about them. First you have some time to look at questions 1-5.
(20 Seconds)
Now we shall begin. You should answer the questions as you listen because you will not hear the recording a second time. Listen carefully and answer questions 1-5.

Earthworms live everywhere. They can be found wherever there is soil, except in polar and dry regions. There are over 2,500 species of earthworms in the world. Their sizes vary: the smallest earthworm species can grow up to about 3 cm when mature, while the largest ones can grow up to 3 m.

Earthworms play important roles in our agriculture and ecosystem. They spend most of their time digging in the ground. The digging or burrowing activity helps to aerate the soil. In other words, it helps air and water penetrate deeper beneath the ground.

Earthworms are very heavy eaters. They can consume up to their own body weight in a day. They eat almost anything from decaying roots and leaves to dead animals. The secretion they leave behind becomes a very valuable type of fertilizer. It contains nitrogen, which is an important nutrient for plants. All actions of earthworms such as digging, eating, and excreting actually make the soil more fertile and sustainable.

Now, let's look at some interesting biological facts about earthworms:
The average lifespan of an earthworm is 4-8 years.
Earthworms are hermaphrodites, which means, they have both male and female organs.
Earthworms are cold-blooded and have 5 pairs of hearts.
Earthworms do not have lungs and breathe through their skin, so their skins must be kept moist all the time. Dry skin prevents earthworms from absorbing oxygen which leads to death.

여러분은 교수가 지렁이에 관해 강의하는 것을 듣게 될 것입니다. 그는 지렁이에 관한 재미있는 몇 가지 사실들과 함께 왜 이들이 농업 생태계에 중요한지를 설명합니다. 먼저, 여러분에게 질문 1-5를 살펴볼 수 있는 시간이 주어집니다.
(20초)
이제 시작합니다. 여러분은 청취를 하면서 질문에 답해야 합니다, 왜냐하면 녹음은 두 번 들려지지 않기 때문입니다. 주의해서 듣고 질문 1-5에 답하세요.

지렁이는 모든 지역에 삽니다. 지렁이는 남극과 북극 그리고 건조한 지역을 제외하고는 땅이 있는 곳에서는 어디서든지 발견됩니다. 전 세계에는 2,500종 이상의 지렁이가 있습니다. 이들의 크기는 다양합니다: 가장 작은 지렁이 종은 완전히 성장했을 때 3cm까지 자랍니다, 반면 가장 큰 지렁이 종은 3m까지 자랄 수 있습니다.

지렁이는 우리의 농업과 생태계에 중요한 역할을 합니다. 지렁이는 대부분의 시간을 땅을 파는 데 사용합니다. 이 땅이나 굴을 파는 활동은 토양에 공기를 통하게 합니다. 다시 말하면 지렁이의 땅을 파는 활동은 땅속으로 공기나 물이 더 깊이 스며들게 합니다.

지렁이는 대식가입니다. 이들은 하루에 자신의 몸무게만큼의 양을 소화시킬 수 있습니다. 지렁이는 썩은 뿌리와 잎에서부터 죽은 동물에 이르기까지 거의 모든 것을 먹습니다. 그들이 버리는 배설물은 대단히 중요한 형태의 비료가 됩니다. 지렁이의 배설물에는 질소가 포함되어 있습니다, 질소는 식물에게 중요한 영양소의 하나입니다. 땅을 파고 먹고 배설하는 지렁이의 모든 활동은 땅을 더 비옥하고 오래 지속할 수 있게 만듭니다.

이제는 지렁이에 관한 몇 가지 흥미로운 생물학적 사실들을 알아봅시다:
지렁이의 평균 수명은 4년에서 8년 사이입니다.
지렁이는 자웅동체입니다, 즉 이들은 남성과 여성의 기관을 모두 갖고 있습니다.
지렁이는 냉혈동물이며 5쌍의 심장을 갖고 있습니다.
지렁이는 허파가 없으며 피부로 호흡을 합니다. 그래서 지렁이의 피부는 항상 습도를 유지해야 합니다. 피부가 마르면 지렁이는 산소를 섭취할 수 없어 죽게 됩니다.

아래 노트를 채우시오.

각 질문은 세 개 이하의 단어 혹은 하나의 숫자로 답하시오.

지렁이

종의 수: 1 <u>2500</u> 종
지렁이의 크기: 3cm부터 2 <u>3m</u>까지
농업적인 이득: 토양을 더욱 3 <u>비옥하고 지속 가능하게</u> 만든다.
평균 수명: 4-8년
심장 개수: 4 <u>5</u>쌍
호흡: 5 <u>피부</u>를 통해서

정답

1. 2500   2. 3 / three   3. fertile and sustainable   4. 5 / five   5. skin

정답 해설

강의는 지렁이의 종류과 크기 그리고 이들의 농업 및 생태학적 혜택 그리고 마지막에 생물학적 특성에 관해 설명하고 있다.

1. There are over 2,500 species of earthworms in the world.

2. … while the largest ones can grow up to 3 m.

3. All actions of earthworms such as digging, eating, and pooping actually make the soil more fertile and sustainable.

4. Earthworms are cold-blooded and have 5 pairs of hearts.

5. Earthworms do not have lungs and breathe through their skin …

Complete the notes below.
*Write **NO MORE THAN THREE WORDS AND/OR A NUMBER** for each answer.*

Global Warming

i) Definition
    The rise in 1 _____ of the earth's atmosphere.

ii) Cause
    The burning of coal, oil and other 2 _____
    3 _____ and wood burning

iii) Effect
    More 4 _____ heavy rain or snow
    The earlier arrival of 5 _____
    Rising 6 _____

(**Vocabulary**)

global warming 지구 온난화   greenhouse effect 온실 효과   greenhouse gases 온실 가스   reflect
반영하다, 반사하다 layers of gases 가스 층   thermal 열의, 보온성의   blanket 담요   carbon dioxide 이산화
탄소   fossil fuel 화석 연료 (석유, 석탄 등)   deforestation 삼림 벌채   water vapor 수증기   sea level 해수면
glacier 빙하   marine ecosystem 해양 생태계

Listening Script

You are attending a lecture on biology. The lecture is talking about global warming and greenhouse gases. First you have some time to look at questions 1-5.
(20 Seconds)
Now we shall begin. You should answer the questions as you listen because you will not hear the recording a second time. Listen carefully and answer questions 1-5.

What is global warming? Global warming is the rise in temperature of the earth's atmosphere. It is a result of what is known as the greenhouse effect. The earth is warmed by sunlight. It passes through the earth's atmosphere and is reflected back out to space again. The atmosphere is made up of layers of gases. They are called greenhouse gases. They're mostly natural and act as a thermal blanket over the earth. The greenhouse gases keep the earth at the right temperature for plants and animals to live. Therefore, these gases are necessary for all the life forms on this planet to survive.

However, when extra greenhouse gases are produced, the gas layers become thicker and too much heat is trapped in the atmosphere. This overheats our planet and causes climate changes. One of the main greenhouse gases is carbon dioxide, which is also known as CO2. As trees grow they take in CO2 from the air, and when they die the CO2 is returned to the air. This is a natural process. However, the burning of coal, oil and other fossil fuels release a large amount of carbon dioxide into the air. These are major factors that upset the balance in the carbon and oxygen cycle in our atmosphere. We use these fossil fuels in cars, power stations and factories. In addition, deforestation and wood burning, which are now out of control in many developing countries, are also responsible for the concentration of CO2.

A warmer climate resulting from greenhouse gases could affect our planet in a number of ways. Firstly, climate change increases rainfall. As the Earth's temperature rises, more water evaporates from the ocean and the atmosphere can hold more moisture. The excess water vapour will in turn lead to more frequent heavy rain or snow.

Secondly, climate change disrupts the seasonal behavior of plants and animals. In recent years, scientists have noted some signs that the seasons are shifting: birds are migrating earlier; plants are blooming earlier; mountain snows are melting earlier. They think that the earlier arrival of spring events is linked to climate change.

Thirdly, sea levels rise as global warming heats up the planet. There are two reasons which cause sea levels to rise: one reason is that water is added from melting glaciers, and another reason is that water expands as it warms. Rising water levels will have serious impacts on marine ecosystems. Scientists expect that global sea levels may rise by about 70 cm during the next 100 years. If the speed of …

여러분은 생물학 과정의 한 강의에 참석합니다. 강사는 지구 온난화와 온실 가스에 관해 강의를 할 것입니다. 먼저, 여러분에게 질문 1-5를 살펴볼 수 있는 시간이 주어집니다.

(20초)

이제 시작합니다. 여러분은 청취를 하면서 질문에 답해야 합니다, 왜냐하면 녹음은 두 번 들려지지 않기 때문입니다. 주의해서 듣고 질문 1-5에 답하세요.

지구 온난화란 무엇일까요? 지구 온난화는 지구의 대기의 온도가 높아지는 것입니다. 이것은 우리가 온실 효과로 알고 있는 것의 결과입니다. 지구는 태양 빛에 의해 따뜻해집니다. 태양 빛은 지구의 대기를 통과하고 다시 반사되어 우주로 나갑니다. 대기는 여러 층의 가스로 구성되어 있습니다. 이들을 온실 가스라고 부릅니다. 대부분 천연 가스이며 지구를 덮는 보온 담요와 같은 역할을 합니다. 온실 가스는 지구가 동식물이 살기에 직질한 온도를 유지하게 합니다. 그러므로 이런 가스들은 지구의 모든 생명체들이 생존하기 위해 필요합니다.

그러나 온실 가스가 더 많이 만들어지면, 가스층은 더 두꺼워지고 과도하게 많은 열이 대기에 갇힙니다. 이것이 우리 지구를 지나치게 덥게 하고 기후 변화를 야기합니다. 주된 온실 가스 중의 하나는 이산화탄소로, 우리가 CO_2로 알고 있는 것입니다. 나무가 자랄 때는 공기로부터 CO_2를 흡수하고 죽을 때, 이 CO_2가 공기로 다시 돌아옵니다. 이는 자연적인 과정입니다. 그러나, 석탄이나 석유 또는 다른 화석 연료가 탈 때 많은 양의 이산화탄소를 공기로 배출합니다. 이들은 대기의 이산화탄소와 산소의 순환의 균형을 깨트리는 주된 요인입니다. 우리는 화석 연료를 차, 발전소, 그리고 공장에서 사용합니다. 또한, 현재 많은 개발도상국에서 이루어지는 삼림 벌채나 나무를 태우는 것 또한 이산화탄소 축적에 대한 책임이 있습니다.

온실 가스로 인해 기후가 더 따뜻해지는 것은 여러 가지 방법으로 우리 지구에 영향을 미칩니다. 첫째, 기후 변화는 강수량을 증가시킵니다. 지구 대기의 기온이 올라가면, 바다에서 물이 더 많이 증발하며 대기는 더 많은 습기를 품을 수 있습니다. 이러한 과다한 수증기들은 결과적으로 더 잦은 폭우나 눈이 내리게 합니다.

둘째, 기후 변화는 식물과 동물의 계절적 행동을 교란시킵니다. 최근들어, 과학자들은 계절이 변하고 있는 징후들을 주목해왔습니다: 새들의 이주가 빨라지고, 식물이 더 일찍 개화를 하며, 산의 눈이 더 일찍 녹고 있습니다. 과학자들은 봄의 현상이 빨리 오는 것이 기후 변화와 관련된 것으로 생각합니다.

셋째, 지구 온난화가 지구에 열을 가함에 따라 해수면이 높아집니다. 해수면이 높아지는 이유는 두 가지가 있습니다. 한 가지 이유는 빙하가 녹으면서 바닷물이 많아지는 것이며, 다른 한 가지는 물의 온도가 높아지면서 부피가 팽창하는 것입니다. 해수면이 높아지는 것은 해양 생태계에 심각한 영향을 미칩니다. 과학자들은 앞으로 100년 동안 지구의 해수면 높이는 약 70cm 정도 높아질 것으로 예상합니다. 만약 이 속도가 …

아래 노트를 채우시오.
각 질문은 세 개 이하의 단어 혹은 하나의 숫자로 답하시오.

지구 온난화

i) 정의
지구 대기의 1 <u>온도</u> 상승

ii) 원인
석탄이나 석유와 다른 2 <u>화석연료의 연소</u>
3 <u>삼림벌채</u>와 나무 태우는 것

iii) 결과
더 4 <u>잦은</u> 폭우나 눈
5 <u>봄의 현상</u>이 빨리 오는 것
6 <u>해수면</u> 상승

정답

1. Temperature   2. Fossil fuels   3. Deforestation
4. Frequent   5. Spring events   6. Water levels

정답 해설

강의는 지구 온난화와 온실 가스에 대한 것이다. 강의 순서는 먼저 지구 온난화에 대한 정의에서 시작하여 지구 온난화의 원인 그리고 마지막에 지구 온난화가 미치는 영향에 관해 설명하고 있다:
강의에서 주제, 원인, 그리고 영향에 관한 설명이 시작되는 부분:

i) Definition
   What is global warming? Global warming is the …
ii) Cause
   However, when extra greenhouse gases are produced, the gas layers become …
iii) Effect
   A warmer climate resulting from greenhouse gases could affect our planet in a number of ways. Firstly …

Flow-chart Completion는 어떤 과정 또는 사건이 진행되는 순서나 단계를 나타내는 도표의 빈칸을 채우는 문제이다. Chart 또는 Diagram Completion도 도표나 도해를 사용한다는 점에서 Flow-chart Completion과 유사한 문제이다. Flow-chart는 diagram의 일부로 flow diagram이나 arrow diagram 또는 logic diagram 중의 하나로 볼 수 있다.

이 유형의 테스트에서 응시자의 과제는 도표나 도해, 즉 chart, diagram, graph, 또는 table 등의 빈칸을 녹음 내용에 근거하여 적절한 표현으로 기록하는 것이다. 진행 순서는 선이나 화살표 또는 번호 등으로 표시될 수 있다. 녹음 스크립트는 주로 어떤 일이 진행되는 과정이나, 작업의 순서, 또는 일련의 연속적인 사건이 전개되는 방법 등에 대한 설명이다. 녹음 내용에서 정답을 찾는 주관식 문제이거나 또는 박스에는 보기에서 정답을 선택하는 객관식 문제로 출제된다.

> 지시문의 예:
>
> Label the chart below.
> Write **NO MORE THAN TWO WORDS** for each answer.
>
> Label the diagram below.
> Write **NO MORE THAN THREE WORDS** for each answer.
>
> Complete the flow chart below.
> Choose 5 answers from the box and write the correct letter, A-G, next to question 1-5.

문제 풀이 Tips

Flow chart는 어떤 과정이나 계획 또는 연속적인 일련의 사건을 보여준다. 빈칸의 정답은 녹음에서 듣는 단어가 될 수도, 또는 선택 사항으로 제공된 보기 중에 하나가 될 수도 있다. 정답을 찾는 효율적인 방법은 다음과 같다.

1. 지시문을 읽는다. 그리고 정답으로 선택할 수 있는 보기가 제공되는지, 만약 제공되지 않는다면 제한 단어 수는 몇 개인지 확인한다.

2. 제공된 chart 또는 diagram의 키워드를 찾아 밑줄 치거나 highlight시킨다.

3. 빈칸과 chart가 제시하는 정보에 근거하여 정답으로 선택될 수 있는 정보의 종류 및 예상 답안의 문법 구조를 예측한다.

① Flow chart나 diagram이 몇 개의 과정 또는 단계로 분류되어 있는지, 그리고 몇 개의 문항이 정답으로 요구되는지 확인한다.

② Chart를 보고 정답으로 필요한 정보의 종류를 확인한다. 즉 요구되는 정답이 개념이나 아이디어를 나타내는 표현인지 또는 사물이나 구체적 행위를 나타내는 단어인지 확인한다.

③ 빈칸에 들어갈 단어의 문법적 특징을 확인한다: 빈칸의 앞이나 뒤에 있는 어구를 보고 정답으로 필요한 단어가 명사인지, 동사인지, 또는 형용사인지 판단할 수 있다.

4. 녹음 청취가 시작되면 특히 녹음의 첫 부분인 intro에서 소개하는 스크립트의 상황 및 개요를 잘 듣고 이해해야 한다. 또한 녹음이 청취가 시작되기 전, 그리고 청취가 진행되는 동안 tip 3에서 말한 chart 나 diagram에 관한 특징 사항들을 항상 염두에 두고 있어야 한다.

5. 청취를 하면서, 문제지의 해당 문항 옆의 여백에 힌트나 단서가 되는 사항들을 기록해두면 정답을 찾 는 데 도움이 된다.

유의 사항

1. Flow chart completion의 스크립트는 대부분 진행 상황이나 과정에 대한 단계적 설명으로 이루어진 다. 또한 녹음에서 제공되는 정보는 chart 빈칸에 기록될 정보의 순서와 동일하다.

2. 주관식 test의 경우 답안은 녹음에서 청취한 단어나 표현을 변형시키지 않고 그대로 사용해야 한다.

3. 녹음을 청취할 때, 화자가 어느 단계를 설명하고 있는지 정확히 파악해야 한다. 만약 어느 한 단계에 대 한 설명을 놓쳤다면, 그 부분은 즉시 포기하고 다음 단계의 설명을 받아들일 준비를 해야 한다. 지나간 부분에서 머뭇거리다 다음 문제에 대한 정보를 모두 놓칠 수 있다. 정답을 찾지 못한 부분은 녹음 청취 가 끝난 후 보기에 남아 있는 나머지 선택지를 보거나(객관식 문항의 경우), 또는 이미 선택한 답안을 근 거로 논리적 추리를 통해(주관식 문항의 경우) 정답을 찾을 수 있다.

Exercise

Label the flow chart below.
*Write **ONE WORD ONLY** for each answer.*

How to Make Homemade Waffles

Step 1	Wet ingredients - milk, the egg yolks, oil and some vanilla extract Dry ingredients - flour, baking powder, sugar and salt 1 _____ together to make the batter.

↓

Step 2	2 _____ the waffle iron. Put oil on it lightly.

↓

Step 3	3 _____ one side of the waffle iron with the batter. Close and cook for one minute or so. * It could take longer, please read the instruction of your waffle iron.

↓

Step 4	4 _____ the cooked waffle from the waffle iron. * Pour maple syrup over your waffle, and tumble a few berries alongside if you like.

(**Vocabulary**)

jug (손잡이가 달린) 병, 항아리   egg yolks 달걀 노른자   extract 추출액   bowl 사발, 그릇, 공기   whisk 휘젓다, 저어서 거품을 내다 lump 덩어리, 응어리 batter 반죽 set aside 한 쪽으로 치워 두다 (put aside) ease 들어내다, 옮기다   maple syrup 메이플 시럽 (단풍나무 수액으로 만든 시럽의 일종)

How to approach

1. 문제지의 지시문을 보고 flow-chart 문제임을 알 수 있다. 녹음의 intro 부분과 chart를 보고 상황을 파악한다. 집에서 와플을 만드는 방법에 대한 설명이다.

2. 지시문에 의하면 답안은 한 개 단어로 작성해야 하며 보기는 주어지지 않는다. 차트는 4단계로 되어 있으며 각 단계마다 한 개의 빈칸이 있다. 답안을 작성해야 하는 문항 수는 4개이다.

3. 빈칸에 들어갈 정보의 종류와 필요한 단어의 문법적 특징을 확인한다. 요리를 하는 과정을 나타내는 행위이며 필요한 단어의 문법적 특징은 동사임을 알 수 있다.

4. 청취가 시작되면 지금까지 파악한 정보를 바탕으로 정답을 찾는다.

   1 _____ together to make the batter.
   필요한 답은 반죽을 만들기 위한 첫 과정이다.
   Now just mix the dry ingredients with the wet ones and whisk them together.
   (both = dry ingredients and wet ingredients)

   2 _____ the waffle iron. Put oil on it lightly.
   정답은 와플 기계에 기름을 칠하기 전 단계이다.
   ··· go to your waffle iron. You need to preheat it. (it = the waffle iron)

   3 _____ one side of the waffle iron with the batter.
   정답은 반죽으로 해야 하는 세 번째 단계이다.
   ··· fill one side of your heated waffle iron with your batter, close ···

   4 _____ the cooked waffle from the waffle iron.
   정답은 와플이 익었을 때 해야 하는 네 번째 단계에 대한 설명이다.
   ··· when cooked completely, ease the cooked waffle out of the waffle iron.
   (from = out of)

You will hear a talk explaining how to make homemade waffles.
Look at the chart, then listen and answer questions 1-4.
First you have some time to look at the chart.
(20 seconds)
Listen carefully and answer questions 1-4.

Hi guys, welcome to my home cooking class. Today, I want to share with you how to make homemade waffles. They are super simple and super quick. You can use ingredients probably you already have on hand. So let's go over them and get started.

Firstly, pour the milk into a jug. Add the egg yolks, oil and some vanilla extract to the milk. Put it aside for a second. Then pour the flour in a large bowl and … combine it with baking powder, sugar and salt. Now just mix the dry ingredients with the wet ones and whisk them together. You have to make sure there are no lumps. Set the batter aside for five or ten minutes. I can not tell you how much to prepare. It depends on how much you need.

Secondly, go to your waffle iron. You need to preheat it. Put oil on it lightly before you start. You can use melted butter or vegetable oil whichever you like.

Thirdly, fill one side of your heated waffle iron with your batter, close and cook for one minute or so. It could take a bit longer depending on the type of your waffle iron. Just follow the instructions that come with the iron in all cases.

Finally, when cooked completely, ease the cooked waffle out of the waffle iron. Repeat this process until all the batter you prepared is used up. You can pour maple syrup over your waffle, and add a few berries alongside if you want. That's it and you can enjoy your waffles now.

여러분은 집에서 와플을 만드는 방법에 대한 설명을 듣게 될 것입니다.
차트를 본 후, 녹음을 듣고 질문 1-4에 답하세요.
먼저, 여러분에게 차트를 살펴볼 수 있는 시간이 주어집니다.
(20초)
잘 듣고 질문 1-4에 답하세요.

안녕하세요, 여러분. 저의 홈 쿠킹 클래스에 오신 것을 환영합니다. 저는 집에서 와플을 만드는 방법을 함께 공유할까 합니다. 와플은 매우 쉽고 빠르게 만들 수 있습니다. 여러분이 이미 가지고 있는 재료들을 사용할 수 있습니다. 그러면 이제 시작하겠습니다.

첫째, 물병에 우유를 따릅니다. 달걀 노른자와 오일 그리고 약간의 바닐라 추출액을 우유에 첨가합니다. 우유를 잠시 옆에 둡니다. 그리고 밀가루를 큰 그릇에 부어주시고 … 밀가루와 베이킹파우더, 설탕 그리고 소금을 섞어주세요. 이제 마른 재료들을 액체 재료들과 섞고 이들을 함께 저어줍니다. 덩어리가 남아 있지 않게 주의해야 합니다. 이 밀가루 반죽을 5분이나 10분 동안 한쪽으로 치워둡니다. 얼마나 많이 준비해야 하는지 제가 말씀드릴 수는 없습니다. 여러분이 얼마나 필요한지에 달려 있으니까요.

둘째, 와플 기계로 갑니다. 와플 기계는 예열해야 합니다. 시작하기 전에 오일을 가볍게 발라 주세요. 액체 버터나 식용유 중 원하시는 것을 사용하시면 됩니다.

셋째, 가열된 와플 기계의 한쪽을 밀가루 반죽으로 채워주세요, 기계를 닫고 1분 정도 익혀주세요. 여러분이 사용하시는 와플 기계에 따라 시간이 조금 더 걸릴 수도 있습니다. 항상 와플 기계에 딸려 있는 설명서의 지시를 따르세요.

마지막으로. 조리가 끝났다면 와플 기계에서 익혀진 와플을 들어내세요. 준비했던 반죽을 다 사용할 때까지 이 과정을 반복하세요. 원하신다면 와플 위에 메이플 시럽을 붓거나 딸기류를 곁들일 수도 있습니다. 끝입니다 이제 드시면 됩니다.

아래 차트를 완성시키시오.
각 질문에 한 단어로 대답하시오.

집에서 와플을 만드는 방법

1단계	액체 재료 – 우유, 달걀노른자, 오일, 약간의 바닐라 추출액 마른 재료 – 밀가루, 베이킹파우더, 설탕, 소금 반죽을 만들기 위해 함께 1 <u>섞는다</u>.

↓

2단계	2 <u>와플 기계</u>를 예열한다. 오일을 살짝 바른다.

↓

3단계	와플 기계의 한쪽에 반죽을 3 <u>채운다</u>. 닫고 1분 정도 익혀준다. * 시간이 약간 길어질 수도 있으니, 와플 기계의 설명서를 읽어야 한다.

↓

4단계	와플 기계에서 익혀진 와플을 4 <u>들어낸다</u>. * 취향에 따라 메이플 시럽을 와플 위에 붓거나 딸기류를 곁들인다.

정답: 1. Mix   2. Preheat   3. Fill   4. Ease

Basic Exercise

1

Complete the chart below.

Write **NO MORE THAN TWO WORDS AND/OR A NUMBER** *for each answer.*

GREEN HILL KITE FLYING CONTEST
Sponsored by the Green Hill Community Foundation

Venue: Green Hill Park

Date: 1 _____ 15th, 2019

Time: 10 A.M. to 5 P.M.

* Food will be served from 12 P.M. to 2 P.M.

Flying Contests

Beauty Kite Flying	Group A – 2 _____ Group B – 3 _____ Contest Time 11 A.M.
Trick Kite Flying	For children 4 _____ only Contest Time 2 P.M.

* Prizes: 1st, 2nd, and 3rd in each category and group

Other events

Music Concert	Venue - The outdoor 5 _____ Time - 5 P.M. – 7 P.M.
Fund Raising Event	Organizer - Green Hill Community Foundation

Vocabulary

sponsor 후원하다   ensure 보증하다   raise funds 기금을 모으다   public safety 공공 안전, 치안

You will hear an announcement of a kite flying contest.
Look at the chart, then listen and answer questions 1–5.
First you have some time to look at the chart.
(20 seconds)
Listen carefully and answer questions 1–5.

Hello, everyone. We are pleased to announce that Green Hill Kite Flying Contest will be held. This event is sponsored by the Green Hill Community Foundation and will be held at the Green Hill Park on August 15th. It will give children and families the opportunity to bring their favourite kites to the park and have a fun day. If you don't have kites, don't worry. You can purchase one at the park. The event will begin at 10 A.M. and end at 5 P.M. Food will be served from 12 noon to 2 P.M.

There are two categories of contests, beauty kite flying and trick kite flying. The beauty kite flying contest has two age groups that are group A and group B; group A is for 10 and under and group B for over 11. The beauty kite contest will be held at 11 in the morning. The trick kite flying contest is for children over 12 only. It will be held at 2 P.M. Prizes will be given for 1st, 2nd, and 3rd in each category and group. We encourage applications to be made before August 5th.

After the contest, there will be a music concert at the outdoor concert hall located at the south of the park. The concert will start at 5 P.M. and last for two hours until 7 P.M. Don't miss out on the fun, so come join the Kite Flying Contest. Meanwhile the Foundation will raise funds to improve the recreational facilities and public safety in and around the park.

해석

여러분은 연날리기 대회 공고를 듣게 될 것입니다.
차트를 본 후, 녹음을 듣고 질문 1-5에 답하세요.
먼저, 여러분에게 차트를 살펴볼 수 있는 시간이 주어집니다.
(20초)
잘 듣고 질문 1-5에 답하세요.

안녕하세요, 여러분. 우리는 그린 힐 연날리기 대회가 열리는 것을 발표하게 되어서 기쁩니다. 이 행사는 그린 힐 커뮤니티 재단에서 후원하며 8월 15일 그린 힐 공원에서 열립니다. 이 행사는 어린이들과 가족들에게 좋아하는 연을 공원으로 가져와 하루를 재미있게 보낼 수 있는 기회를 제공할 것입니다. 만약 여러분에게 연이 없더라도 걱정하지 마세요. 공원에서 연을 구입하실 수 있습니다. 행사는 오전 10시에 시작해서 오후 5시에 끝납니다. 음식은 12시 정오부터 오후 2시까지 제공됩니다.

시합은 예쁜 연날리기와 기술 연날리기의 두 종류로 나누어집니다. 예쁜 연날리기는 연령에 따라 그룹 A와 그룹 B 두 그룹으로 나닙니다. 그룹 A는 10세 이하가, 그리고 그룹 B는 11세 이상이 대상입니다. 예쁜 연날리기는 오전 11시에 개최됩니다. 기술 연날리기는 12세 이상의 어린이들만 참가할 수 있습니다. 기술 연날리기 대회는 오후 2시에 개최됩니다. 상은 각 종류별 그리고 연령별 1, 2, 3등에게 주어집니다. 신청은 8월 5일 전까지 해주실 것을 부탁드립니다.

연날리기 시합이 끝나면 공원 남쪽에 위치한 야외 콘서트홀에서 음악 콘서트가 열립니다. 콘서트는 오후 5시에 시작해서 오후 7시까지 2시간 동안 계속됩니다. 이 즐거운 행사를 놓치지 마시고 오셔서 연날리기 대회에 참가하세요. 또한 재단에서는 공원 내부와 주변의 휴양 시설과 치안을 개선하기 위해 모금 행사를 할 것입니다.

아래 차트를 완성시키시오.
각 질문에 대해 두 단어 이하 그리고/또는 숫자로 기록하시오.

그린 힐 연날리기 대회

그린 힐 커뮤니티 재단 후원

장소: 그린 힐 파크
날짜: 2019년 1 <u>8월</u> 15일
시간: 오전 10시~오후 5시

* 음식은 오후 12시부터 2시까지 제공

연날리기 대회

예쁜 연날리기	A그룹 – 2 <u>10세 이하</u> B그룹 – 3 <u>11세 이상</u> 대회 시간 – 오전 11시
기술 연날리기	4 <u>12세 이상</u> 어린이들만 참가 가능 대회 시간 – 오후 2시

* 시상: 각 종류별, 연령별 1, 2, 3등

기타 행사

음악 콘서트	장소 – 야외 5 <u>콘서트홀</u> 시간 – 오후 5시~7시
기금 모금 행사	주최자 – 그린 힐 커뮤니티 재단이 그린 힐 시 의회와 협력하여

정답

1. August   2. 10 and under / ten and under   3. over 11 / over eleven   4. over 12 / over twelve
5. concert hall

정답 해설

정답은 두 단어 이하와 숫자로 기록해야 한다.

1번 문항은 연날리기 대회의 개최 날짜에 관한 정보이다.
This event … will be held at the Green Hill Park on August 15th.

2번 문항은 Beauty Kite Flying의 Group A에 참가할 수 있는 조건이다.
The beauty kite flying contest has two age groups that are group A and group B; group A is for 10 and under …

3번 문항은 Group B에 참가할 수 있는 조건이다.
… and group B for over 11.

4번 문항은 Trick Kite Flying에 참가할 수 있는 조건이다.
The trick kite flying contest are for children over 12 only.

5번 문항은 Music Concert가 열리는 장소에 관한 정보이다.
… there will be a music concert at the outdoor concert hall located at the south of the park.

Complete the flow chart below.

Choose 5 answers from the box and write the correct letter, A-G, next to question 1-5.

Five Steps to Achieve Your Dream

Step 1: Dream it.

> To dream is the first step to turn your dreams into 1 _____.

↓

Step 2: Believe it.

> Believe in yourself and never underestimate your 2 _____.

↓

Step 3: Plan it.

> Plan makes your dream turn into a set of 3 _____.

↓

Step 4: Work.

> The successful are 4 _____.

↓

Step 5: Enjoy it.

> Enjoy your trip and keep moving until you achieve your 5 _____.

A dream	**E** defined goals
B reality	**F** time schedule
C potential	**G** the hardest workers
D multiple tasks	

(**Vocabulary**)

achieve 성취하다   underestimate 과소평가하다   reward 보상하다

Listening Script

You will hear a speaker talking about how to achieve your dream. The speaker divides the process into five steps and explain each one briefly.
Look at the chart, then listen and answer questions 1–5.
First you have some time to look at the chart.
(20 seconds)
Listen carefully and answer questions 1–5.

Achieving a dream isn't always easy and clean, but those who are successful usually go through many similar processes. Today, I am going to tell you how some of the most successful people explain their roads to success. It can be broken down into five steps. You can add one or two more if you think it is necessary. Now, let's take a look at them.

Step 1, dream it. To dream is the first step to turn your dreams into reality. Remember, every great achievement started with just a dream in someone's mind.

Step 2, believe it. There are no boundaries to one's capabilities. If there are any, they are decided by no one but yourself. Believe in yourself and do not underestimate your potential.

Step 3, plan it. No matter what you want to achieve, you need a plan. With the plan, your dream will turn into a set of defined goals, and these goals can be achieved by focus, effort and action with a specific time schedule.

Step 4, work. If you have a goal, and you want to achieve it, then work hard. It may be easy to look at someone and explain their success as luck, but the truth is, the successful are usually the hardest workers. Your dream consists of a series of goals, and each of the goals involves multiple tasks. If you work hard on your tasks each day, you will eventually achieve your dream.

Step 5, enjoy it. You are now working toward your goal and your dream, then enjoy your trip. When you finish a small task, reward yourself. Rewarding yourself will motivate you to move forward toward your goal. Keep moving until you finally achieve your dream.

여러분은 강연자가 꿈을 이루는 방법에 관해 설명하는 것을 듣게 될 것입니다. 강연자는 그 과정은 다섯 단계로 나누어 각 단계를 간략히 설명합니다.
차트를 본 후, 녹음을 듣고 질문 1–5에 답하세요.
먼저, 여러분에게 차트를 살펴볼 수 있는 시간이 주어집니다.
(20초)
잘 듣고 질문 1–5에 답하세요.

꿈을 이루는 것은 항상 쉽고 깔끔한 것은 아닙니다. 그러나 성공한 사람들은 대개 많은 비슷한 과정들을 거칩니다. 오늘 저는 여러분에게 대부분의 성공한 사람들이 설명하는 자신들이 성공한 방법을 말씀드리겠습니다. 그것은 다섯 단계로 나눌 수 있습니다. 만약 여러분이 필요하다고 생각하면 몇 가지 단계를 더 첨가할 수도 있습니다. 이제 그것들을 살펴보겠습니다.

첫 단계, 꿈을 가지세요. 꿈을 가지는 것은 여러분의 꿈을 현실로 바꾸는 첫 번째 단계입니다. 기억하세요, 모든 위대한 업적은 누군가의 마음속에 있던 꿈에서 시작한 것이라는 것을.

두 번째 단계, 믿음을 가지세요. 개인의 능력에 한계는 없습니다. 만약 한계가 있다면, 그것은 다른 누구도 아닌 여러분 자신이 결정하는 것입니다. 여러분 자신을 믿으세요 그리고 여러분의 잠재력을 과소평가하지 마세요.

세 번째 단계, 계획을 세우세요. 여러분이 무엇을 성취하기를 원하든 간에, 계획이 필요합니다. 계획과 함께 여러분의 꿈은 일련의 정해진 목표들로 바뀝니다, 그리고 이 목표들은 구체적인 시간 계획에 따라 집중하고 노력하고 그리고 행동하는 것에 의해 이루어집니다.

네 번째 단계, 노력하세요. 만약 여러분이 목표를 세웠다면, 그리고 그것을 이루기를 원한다면, 열심히 노력해야 합니다. 누군가를 보고 그들의 성공을 행운의 탓으로 돌리는 것은 쉬운 일입니다. 그러나 사실은 성공한 사람들은 대개 가장 열심히 노력하는 사람들입니다. 여러분의 꿈은 일련의 목표들로 이루어집니다, 그리고 각 목표에는 여러 개의 과제가 포함됩니다. 만약 여러분이 과제를 위해 열심히 노력한다면, 결국 여러분의 꿈을 이룰 것입니다.

다섯 번째 단계, 즐기세요. 이제 여러분이 목표와 꿈을 향해 노력하고 있다면, 그 과정을 즐기세요. 작은 과제를 마쳤을 때 자신에게 보상을 주세요. 스스로에게 주는 보상은 여러분이 목표를 향해 갈 수 있도록 자극을 줄 것입니다. 마침내 여러분의 꿈을 이룰 때까지 계속 움직이세요.

아래 차트를 완성시키시오.
박스에서 5개의 답을 선택해서 정확한 글자 A–G를 질문 1–5 옆에 기록하시오.

꿈을 이루기 위한 다섯 가지 단계

1단계: 꿈을 가져라.

꿈을 가지는 것은 꿈을 1 <u>현실</u>로 바꾸는 첫 번째 단계이다.

↓

2단계: 믿음을 가져라.

자신을 믿고 자신의 2 <u>잠재력</u>을 과소평가하지 마라.

↓

3단계: 계획을 세워라.

계획은 꿈을 일련의 3 <u>정해진 목표</u>로 만든다.

↓

4단계: 노력해라.

성공한 사람들은 4 <u>가장 열심히 노력하는 사람들</u>이다.

↓

5단계: 즐겨라.

과정을 즐기고 5 <u>꿈</u>을 이룰 때까지 계속 움직여라.

A 꿈   E 정해진 목표
B 현실   F 시간 계획
C 잠재력   G 가장 열심히 노력하는 사람들
D 여러 개의 과제

정답
1. B   2. C   3. E   4. G   5. A

1. ⋯ dream it. To dream is the first step to turn your dreams into reality.
   꿈을 가진다는 것은 꿈을 현실로 바꾸는 첫 단계이다.

2. Believe in yourself and do not underestimate your potential.
   자신의 잠재력을 과소평가하지 말라.

3. With the plan, your dream will turn into a set of defined goals ⋯
   계획은 꿈을 구체적인 일련의 목표로 바꾼다.

4. ⋯ the truth is, the successful are usually the hardest workers.
   성공하는 사람들은 대부분 열심히 노력하는 사람들이다.

5. ⋯ then enjoy your trip ⋯ Keep moving until you finally achieve your dream.
   꿈이 이루어질 때까지 노력을 계속할 것을 당부하는 표현이다.

3

Complete the flow chart below.
Choose 6 answers from the box and write the correct letter, A-H, next to question 1-6.

Flu Symptom

Day 0	There are no 1 _____, but you are already contagious.
Day 1	You feel sick and have a fever, a cough, and a sore throat. Go to your doctor and ask for a 2 _____.
Day 2	Your 3 _____ becomes worse at night. You feel tired and find it difficult to get out of bed.
Day 3	You may feel exhausted with fever and throat pain. Cough medications do not work.
Day 4	Your fever has come down and your 4 _____ is improving. You start feeling better.
Day 5	Your fever is gone and your cough is getting better, but don't feel like going out yet.
Day 6	Though still tired, you feel your flu has gone. You may feel like getting back into your 5 _____. Remember your body is not fully recovered.
Day 7	You are feeling well and having recovered from the illness. The feeling of 6 _____ and gloom may continue for a few more days.

A cough   **F** tiredness
B fever   **G** body ache
C symptoms   **H** medication
D routine   **I** muscle ache
E virus

Vocabulary

muscle aches 근육통   antiviral 항바이러스의   medication 약, 치료   body ache 몸살

You will hear a speaker talking about flu. The speaker explains how it progresses and what its symptoms are.

Look at the chart, then listen and answer questions 1–6.

First you have some time to look at the chart.

(20 seconds)

Listen carefully and answer questions 1–6.

The flu is the short form for Influenza. It is a contagious illness caused by a virus. Since it affects people in different ways, not everyone has the same symptoms when they get the flu. However, there are some common ways the flu affects people. By taking a look at them you can prepare in advance for the flu.

Day 0

This is the day before any symptoms appear. You may attend a party, have dinner with friends, or be somewhere meeting people and shaking hands. There are no symptoms, but you are already contagious. Normally adults are contagious one or two days before getting symptoms.

Day 1

You wake up in the morning and feel sick. You have a fever, a cough, and a sore throat. These are the most common symptoms of the flu. You may also have muscle aches. Go to your doctor and ask for medication. Antiviral medications are most effective if started within the first 48 hours of symptoms.

Day 2

You may have been up most of the night coughing. You feel tired and find it difficult to get out of bed.

Day 3

On your third day with flu, you may feel exhausted with fever and throat pain. During the night your cough gets worse even though you took cough medications and it is getting more difficult to breathe.

Day 4

Although you still have a cough, your fever has come down and your body ache is improving. From the fourth day with the flu, most people start feeling better.

Day 5
On the fifth day with the flu, you are starting to feel better. Your fever is gone and your cough is getting better, but don't feel like going out yet.

Day 6
Though still tired, you feel your flu has gone. You may feel like getting back into your routine: going out for a walk or a jog for instance. But you should remember your body is not fully recovered.

Day 7
When you wake up on day seven, you are feeling well and have recovered from the illness. You may want to go out to dinner with some friends or visit your family. In some cases, however, the feeling of tiredness and gloom can continue for a few more days.

여러분은 강연자가 플루(유행성 독감)에 관해 말하는 것을 듣게 될 것입니다. 강연자는 플루가 어떻게 진행되며 어떤 증상을 나타내는지 설명합니다.

차트를 본 후, 녹음을 듣고 질문 1–5에 답하세요.

먼저, 여러분에게 차트를 살펴볼 수 있는 시간이 주어집니다.

(20초)

잘 듣고 질문 1–5에 답하세요.

플루는 인플루엔자의 줄임말입니다. 이것은 바이러스에 의해 야기되는 전염성 질병입니다. 플루는 사람에 따라 다른 방법으로 영향을 미치기 때문에, 플루에 걸렸을 때 모두가 다 똑같은 증상을 갖지는 않습니다. 그러나 플루가 사람들에게 끼치는 몇 가지 공통된 증상이 있습니다. 이 공통점들을 살펴봄으로써 플루에 걸렸을 때 예상되는 증상에 대비힐 수 있습니다.

0일

이날은 아직 어떤 증상이 나타나기 전입니다. 여러분은 파티에 참석할 수도, 친구들과 저녁식사를 하거나, 또는 어딘가에서 사람들을 만나고 악수를 할 수도 있습니다. 증상은 없지만 여러분은 이미 감염되었습니다. 일반적으로 성인은 감염되고 하루 또는 이틀 후 증상이 나타납니다.

1일

아침에 일어나면 몸이 아픈 것을 느낍니다. 열이 나거나, 기침을 하거나 목이 아픕니다. 이것들은 플루의 가장 일반적인 증상들입니다. 또한 근육통을 느낄 수도 있습니다. 의사에게 가서 처방을 받으세요. 만약 증상이 발생한 후 첫 48시간 이내라면 항바이러스 약이 가장 효과적입니다.

2일

여러분은 밤 사이 기침으로 잠을 설쳤을 수도 있습니다. 피곤함을 느끼고 아침에 일어나는 것이 힘이 들 것입니다.

3일

플루에 걸린 지 3일째 되는 날, 여러분은 열과 목의 통증으로 기운이 없을 것입니다. 약을 복용했음에도 밤 사이 기침은 더 심해집니다. 숨을 쉬는 것이 더 힘들어집니다.

4일

여전히 기침이 나옵니다, 하지만 열은 내려가고 몸살 기운도 나아질 것입니다. 플루에 걸린 지 4일째가 되면 대부분의 사람들은 증세가 호전됩니다.

5일

플루에 걸린 지 5일째 되는 날, 여러분은 몸이 나아지고 있음을 느낄 것입다. 열은 사라지고 기침도 누그러집니다, 하지만 아직 외출하기에는 무리입니다.

6일

여전히 피곤하지만 플루는 없어졌다고 느낍니다. 정상적인 일상으로 돌아가고 싶다는 느낌을 갖습니다; 예를 들면 산보 또는 조깅을 하고 싶을 것입니다. 하지만 당신은 아직 완전히 회복되지는 않았다는 것을 기억해야 합니다.

7일

7일째 되는 날 눈을 뜨면 몸에 이상이 없고 병이 나았다는 느낌을 갖게 됩니다. 친구를 만나 저녁 식사를 하거나 가족을 방문하고 싶은 생각이 들 수도 있습니다. 때로는 피곤함이나 우울감이 며칠 더 지속될 수도 있습니다.

아래 차트를 완성시키시오.
박스에서 6개의 답을 선택해서 정확한 글자 A-I를 질문 1-6 옆에 기록하시오.

플루 증상

0일째	1 증상은 없지만 이미 감염되었다.
1일째	아프고 열이 나거나 기침을 하거나 목이 아프다. 의사에게 가서 2 처방을 받아라.
2일째	3 기침이 밤에 심해진다. 피곤함을 느끼고 아침에 일어나는 것이 힘들다.
3일째	열과 목의 통증으로 기운이 없을 수 있다. 약이 들지 않는다.
4일째	열이 내려가고 4 몸살 기운이 나아진다. 증세가 호전된다.
5일째	열이 사라지고 기침이 누그러지지만 외출은 무리이다.
6일째	여전히 피곤하다고 느끼지만 플루는 없어졌다고 느낀다. 5 일상으로 돌아가고 싶다는 느낌을 받을 수 있다. 아직 완전히 회복된 것은 아니라는 것을 기억해야 한다.
7일째	몸에 이상이 없고 병이 나았다고 느낀다. 6 피곤함이나 우울감이 며칠 지속될 수 있다.

A 기침
B 열
C 증상
D 일상
E 바이러스

F 피곤함
G 몸살 기운
H 처방
I 근육통

1. C   2. H   3. A   4. G   5. D   6. F

정답 해설

1. 증상은 없으나 외출의 결과로 이미 플루에 감염이 된 상태이다.
   There are no symptoms, but you are already contagious.

2. 열과 기침 그리고 목이 아픈 단계이다. 의사의 처방을 받아야 한다.
   You have a fever, a cough, and a sore throat. These are the most common symptoms of the flu
   ... Go to your doctor and ask for medication.

3. 밤에 기침이 더욱 심해지는 단계이다.
   During the night your cough gets worse even though you took cough medications and it is
   getting more difficult to breathe.

4. Day 4는 몸이 회복을 시작하는 단계이다.
   Although you still have cough, your fever has come down and your body ache is improving.
   From the fourth day with the flu, most people start feeling better.

5. 완전히 회복되지는 않았으나 몸이 정상을 찾아가고 있는 단계이다.
   You may feel like getting back into your routine: going out for a walk or a jog for instance.

6. 몸이 완전히 회복된 단계이다. 경우에 따라서 피곤함 또는 우울한 감정이 며칠 동안 지속될 수 있다.
   ··· you are feeling well and have recovered from the illness. ··· however, the feeling of tiredness
   and gloom can continue for a few more days.

4

Complete the flow chart below.
Choose 5 answers from the box and write the correct letter, A-G, next to questions 1-5.

How to improve your writing
For formal business or 1 _____ writing

The first tip

Make your ideas 2 _____ and clear.
Keep your sentences short.

The second tip

Do not use 3 _____ words.

The third tip

Use appropriate vocabulary to 4 _____ your arguments.

The fourth tip

Always use the 5 _____ voice.

A active
B concise
C weaken
D academic

E colloquial
F formal
G strengthen

Vocabulary

golden rule 황금 규칙, 중요한 기본 원칙   to the point 간결한, 간단명료한   colloquial 구어의, 대화체의
contraction 축소, 수축   abbreviated 생략된, 단축시킨

You will hear a lecture on how to improve your writing. The lecturer is going to talk about four tips with which you can improve your writing immediately.

Look at the chart, then listen and answer questions 1–5.

First you have some time to look at the chart.

(20 seconds)

Listen carefully and answer questions 1–5.

Writing an essay appears to be a hard task for everyone. Many people want to improve their writing skills but don't know how. Now, I am going to talk about four tips with which you can improve your writing immediately. These tips apply to formal business or academic writing.

Let's start. My first tip is to avoid 'there is' and 'there are' in your sentences. The golden rule in writing is that you should express your ideas concisely and clearly, and keep your sentences short. In this respect, 'there is' or 'there are' are extra words you don't need. By taking these expressions out, your sentences become concise, strong and to the point.

The second tip is do not use colloquial words including contractions. Contractions are the words formed from two abbreviated words, such as isn't, don't, and won't. Colloquial words refer to such words and expressions that are used in everyday spoken language. If you write a letter or email to your friend, they will be fine. However, you should not use them when you write an essay for a term paper, for instance.

The third tip is to avoid words in formal writings such as a lot, so, very, or really. These words weaken your writing. You can use many or much instead of a lot. You can simply take out 'very' or 'really' from your sentences; the meaning of your sentences would not change significantly. If you choose appropriate vocabulary, you can strengthen your arguments or assertions without using 'very' or 'really.' For instance, you can use 'furious' instead of 'very angry,' or 'brilliant' instead of 'really clever' and so on.

The final tip is to use the active voice. A passive voice sentence may be useful if you write science. Even so, you should not use it too much. If you write for humanities, history or other social science areas, use the active voice all the time. The passive voice is used to show interest in the recipient of an action rather than the one that performs the action. For instance, 'The wooden bridge was constructed by the French soldiers' is a sentence in the passive voice. You should write instead, 'The French soldiers constructed the wooden bridge.' In academic writing you need to write a strong sentence, and a strong sentence has the person performing actions at the beginning of the sentence.

해석

여러분은 글쓰기를 향상시키는 방법에 대한 강의를 듣게 될 것입니다. 강사는 여러분이 즉시 글쓰기를 향상시킬 수 있는 네 가지 요령에 관해 말하려고 합니다.
차트를 본 후, 녹음을 듣고 질문 1-5에 답하세요.
먼저, 여러분에게 차트를 살펴볼 수 있는 시간이 주어집니다.
(20초)
잘 듣고 질문 1-5에 답하세요.

글쓰기는 누구에게나 어려운 일입니다. 많은 사람들이 글 쓰는 기술을 향상시키기를 원하지만 그 방법을 알지 못합니다. 저는 지금 여러분의 글쓰기를 즉시 향상시킬 수 있는 네 가지 요령에 관해 말하고자 합니다. 이 요령은 공식 업무 또는 학술적인 글을 쓸 때 적용됩니다.

시작하겠습니다. 첫 번째 요령은 여러분의 문장에 there is 또는 there are의 표현 사용을 피하시라는 것입니다. 글쓰기의 중요한 기본 원칙은 여러분의 생각을 간략하고 명쾌하게 표현하며, 문장을 짧게 쓰는 것입니다. 이 점에 있어서 there is, there are는 불필요한 여분의 단어입니다. 이 표현을 없앰으로써, 여러분의 문장은 짧고, 강해지며, 간단명료해집니다.

두 번째 요령은 줄임말을 포함해서 구어체의 말을 사용하지 않는 것입니다. 줄임말이란 isn't, don't, 그리고 won't처럼 두 개의 단축형으로 만들어진 단어입니다. 구어체 단어란 일상적인 대화에서 사용되는 단어나 표현을 의미합니다. 만약 여러분이 친구에게 편지나 이메일을 보낼 때는 상관이 없습니다. 그러나, 예를 들어 학기말 리포터를 쓸 때 이 표현들을 사용해서는 안 됩니다.

세 번째 요령은 공식적인 글에 a lot, so, very, 또는 really와 같은 단어들의 사용을 피하는 것입니다. 이 단어들은 여러분의 글을 약화시킵니다. 여러분은 a lot 대신 many 또는 much를 사용할 수 있습니다. 그리고 very 또는 really는 단순히 문장에서 생략시킬 수 있습니다; (그래도) 여러분의 문장의 의미는 크게 변하지 않습니다. 만약 여러분이 적절한 어휘를 사용한다면 very나 really를 사용하지 않고 여러분의 논거나 주장을 강하게 표현할 수 있습니다. 예를 들면 very angry 대신에 furious를 그리고 really clever 대신에 brilliant 등을 사용할 수 있습니다.

마지막 요령은 능동형을 사용하는 것입니다. 만약 여러분이 과학에 관한 주제의 글을 쓴다면 수동형이 유용할 수 있습니다. 그러나 이 경우에도 지나치게 자주 사용해서는 안 됩니다. 여러분이 인문, 역사 또는 다른 사회 과학 분야의 글을 쓴다면, 항상 능동형의 문장을 사용하세요. 수동형은 행위를 수행하는 사람보다 행위의 수혜자를 강조하기 위해 사용됩니다. 예를 들면, '목재 교각이 프랑스 군인들에 의해 건설되었다'는 수동형 문장입니다. 여러분은 이 문장 대신 '프랑스 군인들이 목재 교각을 건설했다'라고 써야 합니다. 학문적인 글을 쓸 때는, 문장을 강하게 만들어야 합니다, 그리고 강한 문장은 동작을 행하는 사람이 첫 부분에 위치합니다.

아래 차트를 완성시키시오.
박스에서 5개의 답을 선택해 정확한 글자 A-G를 1-5 옆에 기록하시오.

공식 업무 혹은 1 학술적인 글에서 글쓰기를 향상시키는 방법

첫 번째 요령

생각을 2 간략하고 명쾌하게 만든다.
문장을 짧게 유지한다.

두 번째 요령

3 구어체를 사용하지 않는다.

세 번째 요령

논거를 4 강화하기 위해 적절한 단어를 사용한다.

네 번째 요령

언제나 5 능동형을 사용한다.

A 능동형   E 구어체
B 간략한   F 공식의
C 약한   G 강화하다
D 학술적인

1. D   2. B   3. E   4. G   5. A

정답 해설

1. 강의 도입부에서 글쓰기의 tip이 적용되는 분야에 관한 설명이다
   These tips apply to formal business or academic writing.

2. The first tip으로 간략하고 명쾌하게 글을 쓸 것을 권한다.
   ⋯ you should express your ideas concise and clear, and keep your sentences short.

3. The second tip으로 구어체의 표현을 사용하지 말 것을 권한다.
   ⋯ do not use colloquial words including contractions.

4. The third tip으로 논지나 주장을 강하게 표현 할 수 있는 적절한 어휘를 사용할 것을 권한다.
   If you choose appropriate vocabulary, you can strengthen your arguments or assertions without using 'very' or 'really.'

5. 마지막으로 수동태 문장을 사용하지 말고 항상 능동형 문장을 사용할 것을 권한다.
   ⋯ is use the active voice. ⋯ use the active voice all the time.

Advanced Exercise

Complete the chart below.
Choose 5 answers from the box and write the correct letter, A-E, next to question 1-5.

Photosynthesis and the Functions of Plant Parts

1 _____ are a series of tubes through which water is transported from the roots to the leaves.

2 _____ are holes on the surface of a plant leaf, through which carbon dioxide enters into the plant.

3 _____ are large spaces inside the leaves where carbon dioxide and oxygen are exchanged.

4 _____ are green colour components. They convert light energy of the sun into sugars.

5 _____ and oxygen are produced from carbon dioxide and water during photosynthesis.

A Glucose   **B** Xylem   **C** Stomata   **D** Chloroplasts   **E** Mesophyll cells

Vocabulary

photosynthesis 광합성   nourishment 영양, 자양분   xylem 식물의 목질부   pore 피부에 난 구멍   stoma, stomata (복수) 식물의 잎이나 줄기에 있는 기공 (숨구멍)   mesophyll cell 엽육 세포   chloroplasts 엽록체 glucose 포도당   respiration 호흡

You will hear a lecture on biology. Today's lecture is about photosynthesis. The lecturer is going to talk about the functions of plant parts during photosynthesis.
Look at the chart, then listen and answer questions 1–5.
First you have some time to look at the chart.
(20 seconds)
Listen carefully and answer questions 1–5.

Let's talk about plant life. For plants, light is energy. When the light reaches to plants, reactions take place to store the energy, the process which we call photosynthesis. Photosynthesis is the process used by plants to make their own food. Plants take in light energy from the sun and turn it into chemical energy. This chemical energy is important for the plants to survive. For their growth and nourishment, plants need some essential factors. These factors are light, water, and carbon dioxide. Plants get light from the sun, water from the ground and carbon dioxide from the air. All of these factors help plants produce their food.

Plants have tubes called xylem located in the stems. The xylem transport water and vital nutrients from the roots to the leaves. They work like blood vessels in the human body which are responsible for transporting nutrients to the cells of the body.

On the surface of a plant leaf are holes, which perform a similar function to the pores in human skin. These holes are called stomata. The stomata are responsible for the exchange of oxygen and carbon dioxide in the leaf. The carbon dioxide in the air enters the plant through the stomata and in turn oxygen comes out through the stomata.

Leaves have important cells called mesophyll cells. Mesophyll cells are large spaces within the leaves that enable the exchange of carbon dioxide and oxygen. The mesophyll cells contain many chloroplasts which are green colour components. The main role of chloroplasts is to conduct photosynthesis. Chloroplasts work to convert the light energy of the sun into sugars that can be used by cells. When carbon dioxide and water reach the chloroplast in the sunlight, the process of photosynthesis starts to take place.

During photosynthesis, carbon dioxide and water are converted into glucose and oxygen. Glucose is used by plants for their growth. Some of the glucose is used immediately, for respiration, for instance. But extra glucose which is not used is stored in the form of starch in the leaves or in the roots. The oxygen released from plants is used by human beings and other animals to breathe during their respiration process.

Have you ever wondered what photosynthesis means? It is derived from two Greek words; 'photo' means 'light' and 'synthesis' means 'putting together.' Therefore, it literally means 'putting things together using light.'

해석

여러분은 생물학 강의를 듣게 될 것입니다. 오늘 강의는 광합성에 관한 것입니다. 강사는 광합성 작용 중 식물의 각 부분들이 행하는 기능에 관해 설명하고자 합니다. 차트를 본 후, 녹음을 듣고 질문 1-5에 답하세요. 먼저, 여러분에게 차트를 살펴볼 수 있는 시간이 주어집니다.
(20초)
잘 듣고 질문 1-5에 답하세요.

식물에 관해 이야기해봅시다. 식물에게는 빛이 에너지입니다. 빛이 식물에게 도달하면, 그 에너지를 저장하기 위한 반응이 일어납니다. 이 반응의 과정을 우리는 광합성이라고 부릅니다. 광합성은 식물이 식량을 만들기 위해 식물이 사용하는 과정입니다. 식물은 태양으로부터 빛 에너지를 받아 이것을 화학 에너지로 바꿉니다. 이 화학 에너지는 식물의 생존에 중요한 역할을 합니다. 성장과 영양 섭취를 위해 식물은 몇 가지 기본적 요소들을 필요로 합니다. 이 요소는 빛, 물, 그리고 이산화탄소입니다. 식물은 태양으로부터 빛을 받고, 땅으로부터 물을 얻으며, 그리고 공기에서 이산화탄소를 취합니다. 이 요소들은 모두 식물이 자신의 식량을 만드는 것을 도와줍니다.

식물에는 줄기에 목질부라고 불리는 관이 있습니다. 이 목질부는 물과 중요한 영양소를 뿌리에서 잎으로 전달합니다. 이들은 신체의 세포에 영양소를 전달하는 책임을 지고 있는 인체의 혈관과 같은 작용을 합니다.

식물의 잎의 표면에는 구멍이 있습니다. 이들은 인체 피부에 난 구멍과 같은 역할을 합니다. 이 구멍들은 기공이라고 불립니다. 이 기공은 잎에서 산소와 이산화탄소를 교환하는 역할을 합니다. 공기 중에 있는 이산화탄소는 기공을 통해 식물 안으로 들어갑니다 그리고 반대로 산소가 이 기공을 통해 배출됩니다.

잎은 엽육 세포라고 불리는 중요한 세포가 있습니다. 엽육 세포는 이산화탄소와 산소의 교환을 가능하게 하는 잎 내부의 넓은 공간입니다. 엽육 세포는 녹색을 띠는 요소인 엽록체를 많이 포함하고 있습니다. 엽록체의 주된 역할은 광합성이 일어나게 하는 것입니다. 엽록체는 태양의 빛 에너지를 세포가 사용할 수 있는 당분으로 바꾸는 작용을 합니다. 이산화탄소와 물이 햇빛을 받은 엽록체에 도달하면, 광합성 작용이 일어나기 시작합니다.

광합성이 일어나는 동안, 이산화탄소와 물은 포도당과 산소로 바뀝니다. 포도당은 식물의 성장을 위해 사용됩니다. 포도당의 일부는 예를 들면 호흡 등을 하기 위해 즉시 사용됩니다, 그러나 사용되지 않은 여분의 포도당은 전분의 형태로 잎이나 뿌리에 보관됩니다. 식물에서 배출된 산소는 인간이나 다른 동물들이 호흡 과정에서 숨을 쉬기 위해 사용됩니다.

여러분은 광합성이라는 단어 photosynthesis가 무슨 의미인지 의문을 가져본 적이 있나요? 이것은 두 개의 그리스 단어에서 유래한 것입니다; photo는 '빛', 그리고 synthesis는 '조합한다'는 의미입니다. 그러므로 광합성은 글자 그대로 '빛을 이용해서 어떤 것을 조합한다'는 뜻을 나타냅니다.

아래 차트를 완성시키시오.
박스에서 5개의 답을 선택해 정확한 글자 A-E를 1-5 옆에 기록하시오.

광합성과 식물 부위의 기능

1 목질부는 물이 뿌리에서 잎으로 이동할 수 있는 일련의 관이다.

2 기공은 잎의 표면에 난 구멍으로, 이를 통해 이산화탄소가 식물 안으로 들어온다.

3 엽육 세포는 이산화탄소와 산소가 교환되는 잎 내부의 넓은 공간이다.

4 엽록체는 녹색을 띠는 요소이다. 이들은 태양의 빛 에너지를 당으로 바꾼다.

5 포도당과 산소는 광합성 동안에 이산화탄소와 물에서 생성된다.

A 포도당　　　**B** 목질부　　　**C** 기공　　　**D** 엽록체　　　**E** 엽육 세포

정답
1. B　2. C　3. E　4. D　5. A

정답 해설

1. 줄기에 위치한 물과 영양소가 지나가는 통로의 명칭을 묻는 문제이다.
Plants have tubes called xylem located in the stems. The xylems transport water and vital nutrients from the roots to the leaves.

2. 잎의 표면에 있는 공기 구멍을 의미한다.
On the surface of a plant leaf are holes, which perform a similar function to the pores in human skin. These holes are called as stomata.

3. 이산화탄소와 산소가 교환되는 잎 내부의 넓은 공간에 대한 명칭을 찾아야 한다.
Leaves have important cells called mesophyll cells. Mesophyll cells are large spaces within the leaves that enable the exchange of carbon dioxide and oxygen.

4. 녹색을 띠며, 햇빛을 당분으로 바꾸는 매개체에 대한 명칭을 찾아야 한다.
⋯ many chloroplasts which are green colour components. The main role of chloroplasts is to conduct photosynthesis. Chloroplasts work to convert the light energy of the sun into sugars ⋯

5. 광합성 과정에서 이산화탄소와 물에서 생성되는 산소 외의 물질이 정답이 된다.
During photosynthesis, carbon dioxide and water are converted into glucose and oxygen.

Part

3

IELTS

INTERNATIONAL ENGLISH LANGUAGE TESTING SYSTEM

LISTENING TEST

TIME ALLOWED : 30 minutes
NUMBER OF QUESTIONS : 40

Instructions

You will hear a number of different recordings and you will have to answer questions on what you hear.

There will be time for you to read the instructions and questions and you will have a chance to check your work.

All the recordings will be played ONCE only.

The test is in four sections. Write your answers in the listening question booklet.

At the end of the test you will be given 10 minutes to transfer your answers to an answer sheet.

Questions 1–5

Complete the table below.

Write NO MORE THAN TWO WORDS AND/OR A NUMBER for each answer.

Travel Itinerary

Example	Answer
Room Type needed	**Single Room**

Arrival: the 1 _____ May.
Departure: 12th May.

Hotel Room Features and Rates

Room Type	Features	Rates
Standard Room	Standard bathroom facilities	4 $ _____
Executive Room	Full size bathroom facilities 2 _____	$200
Deluxe Room	The same facilities as the executive room 3 _____ Sea view	5 $ _____

Questions 6–10

Complete the notes below.
Write NO MORE THAN ONE WORD AND/OR A NUMBER for each answer.

Arrival time at the airport: 6 _____ P.M.

Hotel Limousine Service Schedule

Service	Time
1st service	7 _____ A.M.
2nd service	12 noon
3rd service	8 _____ P.M.
4th service	9 _____ P.M.

The colour of limousine: 10 _____ with a green stripe

Questions 11–20

Questions 11–14

Choose the correct letter, A, B, or C.

11 Where does Joshua currently stay?
  A A private accommodation
  B A temporary accommodation
  C Home

12 Where does Joshua come from?
  A France
  B Germany
  C Italy

13 Joshua is a postgraduate student. What is his major?
  A Linguistics
  B Literature
  C Biology

14 When will Joshua come to the office again?
  A Tomorrow
  B Next week
  C After two weeks

Questions 15-20

Complete the sentences below.
*Write **NO MORE THAN TWO WORDS AND/OR A NUMBER** for each answer.*

15 The secretary Joshua talked with two weeks ago is _____.

16 Joshua is in _____ on the accommodation waiting list.

17 The accommodation office currently has _____ canceled places.

18 Hamilton Hall has been recently built especially for _____ students.

19 A flat in Hamilton Hall will be shared with _____ students.

20 The rent for a room in Hamilton Hall is £_____ per week.

Section 3   *Questions 21–30*

Questions 21–24

Write the correct letter, A, B, C, D, or E, next to questions 21–24.

> **A** Beethoven met Mozart.
> **B** Beethoven's mother had fallen ill.
> **C** Beethoven had his first public performance.
> **D** Beethoven quit school to study music full time.
> **E** Beethoven published his first official composition.

21 When he was 7 years old, _____

22 When he was 10 years old, _____

23 When he was 12 years old, _____

24 When he was 17 years old, _____

Choose the correct letter, A, B, or C.

25 In what year did Beethoven leave Bonn for Vienna to study with Haydn?
   A 1770
   B 1787
   C 1792

26 What piece of music made Beethoven one of the most renowned composers in Europe?
   A Symphony No. 1
   B Symphony No. 5
   C Symphony No. 9

27 In what year did Beethoven's deafness break out?
   A 1798
   B 1800
   C 1816

28 How old was Beethoven, when he was completely deaf?
   A 46
   B 48
   C 51

29 How old was Beethoven when he died?
   A 52
   B 56
   C 58

30 How many piano sonatas did Beethoven write throughout his lifetime?
   A 32
   B 16
   C 38

Section 4   *Questions 31–40*

Questions 31–34

Complete the sentences below.
Write **ONE WORD AND/ OR A NUMBER** for each answer.

31 It utilises a _____ power to pull things towards a black hole.

32 The closer you get to a black hole, the slower _____ runs.

33 Because no light can get out of it, a black hole is _____.

34 A star which is about _____ times larger than the sun may produce a black hole at the end of its life.

Questions 35–40

Which black holes have the following features?
Write the correct letter, A, B or C, next to questions 35–40.

Black Holes
A Stellar black holes
B Supermassive black holes
C Miniature black holes

35 They have a mass smaller than that of the sun.

36 They were created shortly after the Big Bang.

37 They are made when massive stars collapses.

38 Their sizes are in the range of 10 to 100 solar masses

39 They exist in the centres of most galaxies.

40 They are a byproduct of galaxy formation.

Listening Script

You will hear a number of different recordings and you will have to answer questions on what you hear. There will be time for you to read the instructions and questions and you will have a chance to check your work. All the recordings will be played once only. The test is in 4 sections. Write your answers in the listening question booklet. At the end of the test you will be given 10 minutes to transfer your answers to an answer sheet. Now turn to section 1.

You will hear a telephone conversation between a man and a hotel receptionist at the front desk. The man wants to reserve a room for his stay in the city.
First you have some time to look at questions 1-5.
(20 seconds)
You will see that there is an example that has been done for you. On this occasion only the conversation relating to this will be played first.

(a telephone bell rings)
Receptionist: Pan Hotel Reception, how can I help you?
Man: Hi, I would like to book a single room for next week. Can you please check if there is a room available?
Receptionist: Sure, please tell me when you will be arriving and how long you are going to stay.

Now we shall begin. You should answer the questions as you listen because you will not hear the recording a second time. Listen carefully and answer questions 1-5.

(a telephone bell rings)
Receptionist: Pan Hotel Reception, how can I help you?
Man: Hi, I would like to book a single room for next week. Can you please check if there is a room available?
Receptionist: Sure, please tell me when you will be arriving and how long you are going to stay.
Man: I will come to the city on 7th of May and stay there until 12th of May.
Receptionist: I see. So, you need a single room from 7th to 12th of May.
Man: That's right.
Receptionist: Give me a second please. I will check if we have any rooms available on those dates.
Man: No problem.

(A few seconds silence.)

Receptionist: Thank you for your waiting, sir. We have a few rooms available on your dates. Can you please tell me what type of room you want?

Man: What do you mean?

Receptionist: We have three types of single room, which are standard room, executive room, and deluxe room.

Man: Can you tell me what the difference is?

Receptionist: Sure I can, sir. The main difference between standard, executive and deluxe rooms is price and size. The standard room is a comfortable size with standard bathroom facilities. The executive room is more spacious than the standard room and comes with full size bathroom and dressing room. The deluxe room has a kitchenette as well as the executive room facilities. Besides, all the deluxe rooms are located on the east wing of our hotel building, which offers a fantastic sea view. You can also enjoy the sunrise view in the morning. All of our guest rooms feature private bathrooms, cable television, telephone, and Wi-Fi.

Man: I see. Then, what are the prices for the rooms?

Receptionist: The rate per night is $150 for the standard room, $200 for the executive room, and $250 for the deluxe room.

Man: OK, I understand. The standard room will be fine with me. Is the room available?

Receptionist: Yes, it is. Do you want to book the room now?

Man: Yes, I do and I'd like to pay with my credit card.

Receptionist: No problem, sir. Please tell me your name and your card number.

Man: My name is Michael Harris and ... hold on a second ... OK, here it is. My card number is ...

Before you hear the rest of the conversation, you have some time to look at questions 6-10.
(20 seconds)
Now listen and answer questions 6-10.

Mr. Harris tells his card number to the receptionist. The receptionist completes the booking for Mr. Harris.

Receptionist: Thank you, Mr. Harris. All done for you. We have booked a standard single room for 6 days from 7th to 12th of May for you. Is there anything we can do for you, Mr. Harris? If you have multiple pieces of luggage, we can provide you with an extra storage space.

Man: Thank you, but that's fine. I do not have much luggage. By the way, how far is your hotel from the airport? Is it within walking distance or should I take a taxi?

Receptionist: Our hotel is not very far from the airport, but not within walking distance. It takes about 10 minutes by car and we provide shuttle limousine services for our guests. So you don't have to take a taxi. When are you arriving at the airport?

Man: My plane is scheduled to arrive at 2 P.M.

Receptionist: I see. Our limousine runs four times a day. 10 A.M., 12 noon, 3 P.M. and 5 P.M. If you are scheduled to arrive at 2 P.M., you can take either the 3 P.M. or the 5 P.M., whichever is convenient for you.

Man: I am not sure if I can take the 3 P.M. limousine since the arrival procedure usually takes more than an hour but I think I can take the 5 P.M. limousine. Can you please tell me where I can find it?

Receptionist: Sure, when you arrive at the airport, please go to exit number 38H. Once you are outside of the airport building, look left. You will see several limousines waiting for their guests there. Please find one with our hotel logo. It is a red colour with a green stripe.

Man: OK, I think I can find it. Thank you so much.

Receptionist: You are welcome. I hope you enjoy your trip. Thank you for making a reservation with us. We look forward to meeting you on 7th of May.

해석 및 정답

여러분은 여러 종류의 녹음을 듣고 그것에 대한 대답을 해야 합니다. 여러분이 지시문과 질문을 읽는 시간과 과제를 점검할 수 있는 기회가 주어집니다. 모든 녹음은 한 번만 들려집니다. 테스트는 4섹션으로 구성됩니다. 정답을 문제지에 적으세요. 테스트가 끝난 후 여러분이 작성한 답안을 답안지에 옮길 수 있는 10분의 시간이 주어집니다. 이제 섹션 1로 넘어가세요.

여러분은 한 남자와 호텔 접수 담당자와의 대화를 듣게 될 것입니다. 남자는 이 도시에서 지내는 동안의 객실을 예약하기를 원합니다. 먼저 여러분에게 질문 1–5를 읽을 수 있는 시간이 주어집니다.
(20초)
여러분은 여러분의 이해를 돕기 위해 답안이 작성된 예제를 보게 될 것입니다. 이 경우 예제와 관련된 대화만 먼저 들려집니다.

(전화 벨 소리)
접수원: 팬 호텔 리셉션입니다, 무엇을 도와드릴까요?
남자: 안녕하세요, 다음 주에 지낼 1인용 객실을 예약하고 싶습니다. 빈 객실이 있는지 확인해주시겠어요?
접수원: 알겠습니다. 고객님께서 언제 도착해서 얼마나 머무실 계획인지 말씀해주세요.

내레이터: 이제 시작합니다. 여러분은 듣고 바로 질문에 대답해야 합니다, 왜냐하면 녹음은 두 번 들려지지 않기 때문입니다. 잘 듣고 질문 1–5에 답하세요.

(전화 벨 소리)
접수원: 팬 호텔 리셉션입니다, 무엇을 도와드릴까요?
남자: 안녕하세요, 다음 주에 지낼 1인용 객실을 예약하고 싶습니다. 빈 객실이 있는지 확인해 주시겠어요?
접수원: 알겠습니다. 고객님께서 언제 도착해서 얼마나 머무실 계획인지 말씀해주세요.
남자: 5월 7일 도착해서 5월 12일까지 지낼 겁니다.
접수원: 알겠습니다. 고객님은 5월 7일부터 12일까지 1인용 객실이 필요하시군요.
남자: 그렇습니다.
접수원: 잠시만 기다려주세요. 그 날짜에 빈 객실이 있는지 확인해보겠습니다.
남자: 알겠습니다.

(몇 초간의 정적)
접수원: 기다려주셔서 감사합니다, 고객님. 고객님께서 원하시는 날짜에 빈 객실이 있습니다. 어떤 객실을 원하시는지 말씀해주시겠습니까?
남자: 무슨 뜻인가요?
접수원: 저희에게는 세 가지 유형의 1인실이 있습니다, 스텐다드, 익제큐티브 그리고 디럭스 객실입니다.
남자: 어떤 차이가 있는지 말씀해주시겠어요?

접수원: 물론입니다, 고객님. 스텐다드, 익제큐티브 그리고 디럭스의 주된 차이는 가격과 크기입니다. 스탠다드 객실은 기본 욕실이 딸린 안락한 규모입니다. 익제큐티브 객실은 스탠다드 객실보다 넓으며 큰 욕실과 탈의실이 있습니다. 디럭스 객실은 익제큐티브 객실과 같은 구성에 작은 부엌이 딸려 있습니다. 이외에 모든 디럭스 객실은 저희 호텔 건물의 동쪽 날개에 위치하고 있어 멋진 바다 전경을 보실 수 있습니다. 또한 아침에는 해돋이 장면도 보실 수 있습니다. 모든 객실은 개인 욕실, 케이블 TV, 전화 그리고 와이파이 시설이 갖추어져 있습니다.

남자: 알겠습니다. 객실 가격은 어떻게 되나요?

접수원: 하루 객실 가격은 스탠다드 객실은 150달러, 익제큐티브 객실은 200달러, 그리고 디럭스 객실은 250달러입니다.

남자: 잘 알겠습니다. 스탠다드 객실이면 충분합니다. 방이 있나요?

접수원: 네, 있습니다. 지금 예약해드릴까요?

남자: 네, 그렇게 해주세요 그리고 신용카드로 지불하겠습니다.

접수원: 알겠습니다, 고객님. 성함과 카드번호를 말씀해주세요.

남자: 제 이름은 마이클 해리스입니다 그리고 ⋯ 잠깐만요 ⋯ 아, 여기 있군. 카드 번호는 ⋯

나머지 대화를 듣기 전에, 여러분에게 질문 6-10을 읽을 수 있는 시간이 주어집니다.
(20초)
이제 잘 듣고 질문 6-10에 답하세요.

해리스 씨는 접수원에게 카드 번호를 알려줍니다. 접수원은 해리스 씨의 객실을 예약합니다.

접수원: 감사합니다, 해리스 씨. 모두 끝났습니다. 저희는 5월 7일에서 12일까지 6일 동안 스탠다드 1인용 객실을 예약해 드렸습니다. 다른 도움이 필요하신가요, 해리스 씨? 만약 수하물이 많으시다면 저희가 따로 보관할 수 있는 장소를 마련해드릴 수 있습니다.

해리스: 감사합니다, 하지만 괜찮습니다. 저는 짐이 많지 않습니다. 그런데 공항에서 호텔까지 얼마나 먼가요? 걸어갈 수 있는 거리인가요 아니면 택시를 타야 하나요?

접수원: 저희 호텔은 공항에서 멀지는 않습니다만 걸을 수 있는 거리는 아닙니다. 차로 약 10분 거리입니다 그리고 고객님들을 위해 저희는 리무진 셔틀 서비스를 제공합니다. 그러므로 택시를 타실 필요는 없습니다. 공항에 언제 도착하시나요?

해리스: 제 비행기는 오후 2시 도착 예정입니다.

접수원: 그렇군요. 저희 리무진은 오전 10시, 12시, 오후 3시, 5시 하루 네 차례 운행합니다. 오후 2시 도착 예정이시면 오후 3시 또는 5시 중 편하신 것을 타실 수 있습니다.

해리스: 3시 리무진을 탈 수 있을진 모르겠군요, 도착 수속이 대개 1시간 이상 걸리니까요, 하지만 5시 리무진은 탈 수 있을 것 같군요. 어디에서 리무진을 찾을 수 있는지 말씀해주시겠어요?

접수원: 공항에 도착하시면 출구번호 38H로 가세요. 그리고 공항 건물을 나서서 왼쪽을 보세요. 그곳에 여러 대의 리무진이 고객을 기다리고 있는 것을 보실 겁니다. 저희 호텔 로고가 있는 리무진을 찾으세요. 붉은색 바탕에 녹색 줄무늬가 있는 리무진입니다.

해리스: 알겠습니다, 찾을 수 있을 것 같습니다. 대단히 감사합니다.

접수원: 천만에요. 즐거운 여행이 되시길 바랍니다. 저희 호텔을 예약해주셔서 감사합니다. 5월 7일 고객님을 모실 것을 기대하겠습니다.

Questions 1–5

아래 표를 완성하시오.

각 질문에 두 개 이하의 단어 혹은 하나의 숫자로 답하시오.

여행 일정

예제	정답
요구하는 방 형태	1인용 객실

도착: 5월 1 _____일

출발: 5월 12일

호텔 객실 특징과 요금

객실 형태	특징	요금
스탠다드 객실	기본 욕실	4 _____달러
익제큐티브 객실	큰 욕실 2 _____	200달러
디럭스 객실	익제큐티브 객실과 같은 시설 3 _____ 바다 전경	5 _____달러

Questions 6–10

아래 노트를 완성하시오.

각 질문에 한 개 이하의 단어 혹은 하나의 숫자로 답하시오.

공항 도착 시간: 오후 6 _____시

호텔 리무진 서비스 시간표

서비스	시간
첫 번째 서비스	오전 7 _____시
두 번째 서비스	12시
세 번째 서비스	오후 8 _____시
네 번째 서비스	오후 9 _____시

리무진 색깔은 10 _____에 녹색 줄무늬이다.

정답

1. 7th (seventh) 2. Dressing room 3. Kitchenette 4. 150 5. 250
6. 2 (two) 7. 10 (ten) 8. 3 (three) 9. 5 (five) 10. Red

You will hear a conversation between a student and a secretary at the university accommodation office. First you have some time to look at questions 11–14.

(20 seconds)

Listen carefully and answer questions 11–14.

Joshua: Excuse me. Is this the accommodation office?

Secretary 1: Yes, you are in the right place. How can I help you?

Joshua: I am starting my course from September. I have applied for a student accommodation, but haven't received a confirmation letter yet.

Secretary 1: Where do you stay at the moment?

Joshua: I am currently staying at St. Michael Village.

Secretary 1: It is a temporary accommodation for international students.

Joshua: Yes, it is. I am from Germany and I am taking a language course until my course starts.

Secretary 1: I see. I will check it for you. Can you tell me your name please?

Joshua: My name is Joshua Müller. I am a postgraduate student in Linguistics.

Secretary 1: Thank you, Mr. Müller. Give me a second ⋯ (click sounds from the computer keyboard) I am sorry I can't find your name. You told me your name is Josh Miller, didn't you?

Joshua: No, my first name is Joshua not Josh, J ⋯ O ⋯ S ⋯ H ⋯ U ⋯ A. Sorry for my English.

Secretary 1: No, not at all. It's my fault. I apologize. Do you have your student ID card?

Joshua: Yes, I do. Just a minute ⋯ Here it is.

Secretary 1: Thank you. ⋯ Your name is Joshua Müller. You are going to study a master's degree in Linguistics and your registration number is PG 184 ⋯ 327 and 980.

She is typing on the keyboard and looking for information on the computer screen.

Secretary 1: OK, here you are. Your name is still on the waiting list. All the places are full at the moment.

Joshua: Am I still on the waiting list? How long should I wait?

Secretary 1: Every year there are some students who cancel their rooms or don't show up when the term starts, but we won't know that for the next couple of weeks.

Joshua: If there is no cancellation, what should I do?

Secretary 1: Well ⋯ that is unlikely. However, in that case you should look for a private accommodation. ⋯ Why don't you come back after two weeks? I am quite sure we will have some cancelled places by that time.

Joshua: All right, I will pop in again in two weeks.

Before you hear the rest of the conversation, you have some time to look at questions 15–20.
(20 seconds)
Now listen and answer questions 15–20.

Two weeks later, Joshua comes to the accommodation office again to find out if there is any canceled accommodation. The secretary he talked to two weeks ago is not there, but another secretary is working in the office.

Joshua: Good morning.

Secretary 2: Good morning, how can I help you?

Joshua: Yes, I applied for a student accommodation and my name is on the waiting list. I was here two weeks ago and asked about room availability. I don't know her name but a lady in this office told me that there would be some cancelled accommodation by now.

Secretary 2: I see. I think you talked with Barbara. She is on holiday and will not be here until next week. But I can help you. May I have your name please?

Joshua: My name is Jos ⋯ Just a second ⋯ here is my student card.

Secretary 2: Thank you. Your name is Joshua Müller ⋯ postgraduate student in the Linguistic department ⋯ (click sounds from the computer keyboard) OK, I found your name here. You are in second place on the waiting list. Currently we have five canceled spaces. Actually, we were going to send you an email by tomorrow.

Joshua: That's great. What type of room can I have or are all the rooms of the same type?

Secretary 2: There are two types of accommodation, one in Russell Court and another in Hamilton Hall.

Joshua: What is the difference between them?

Secretary 2: Russell Court is the basic student accommodation. Six students will share a flat. The rent is £100 per week all inclusive. Hamilton Hall has been recently built especially for postgraduate students. Four students will share a flat. Rooms in Hamilton Hall are larger than those in Russell Court, and all rooms in Hamilton Hall have en-suite facilities, which means you have your own shower room there.

Joshua: I see. How much is the rent for a room in Hamilton Hall?

Secretary 2: It's £120 per week.

Joshua: Can I choose one of them?

Secretary 2: Yes, you can. Which accommodation do you want?

Joshua: I'd like to have one in Hamilton Hall.

Secretary 2: OK, I will reserve a room for you. Please give me a few minutes. I will print out the tenancy agreement. I need your signature.

Joshua: No problem.

여러분은 학생과 대학 숙소 담당 직원과의 대화을 듣게 될 것입니다.
먼저 여러분에게 질문 11–14를 읽을 수 있는 시간이 주어집니다.
(20초)
잘 듣고 질문 11–14에 답하세요.

조슈아: 실례합니다. 숙소 사무실인가요?

직원 1: 네, 맞습니다. 어떻게 도와드릴까요?

조슈아: 저는 9월에 과정을 시작합니다. 학생 기숙사 신청을 하였는데 아직 결정 메일을 받지 못했습니다.

직원 1: 지금 어디서 지내고 있나요?

조슈아: 지금은 세인트 마이클 빌리지에 있습니다.

직원 1: 외국인 학생들을 위한 임시 숙소이군요.

조슈아: 그렇습니다. 저는 독일에서 왔고 학기가 시작되기 전에 어학 연수 과정을 받고 있습니다.

직원 1: 알겠습니다. 확인해보겠습니다. 이름을 알려주시겠습니까?

조슈아: 저의 이름은 조슈아 뮐러입니다. 언어학과 대학원생입니다.

직원 1: 고맙습니다, 뮐러 씨. 잠깐만 기다리세요 … (컴퓨터 키보드 치는 소리) … 이름을 찾을 수가 없군요. 이름이 조쉬 밀러라고 했나요?

조슈아: 아닙니다, 저의 이름은 조쉬가 아니라 조슈아입니다, J … O … S … H … U … A. 제가 영어가 서툽니다.

직원 1: 아닙니다, 전혀 그렇지 않아요. 제 잘못입니다. 사과드립니다. 학생증 갖고 있나요?

조슈아: 있습니다. 잠깐만요 … 여기 있습니다.

직원 1: 고맙습니다. 이름이 조슈아 뮐러군요. 언어학과 석사 과정을 공부할 예정이고 학생 등록 번호는 PG 184 … 327 그리고 980이군요.

그녀는 키보드로 입력을 하고 컴퓨터 화면에 나타난 정보를 살핍니다.

직원 1: 여기 있군요. 아직 대기자 명단에 이름이 올려져 있습니다. 현재는 빈 숙소가 없습니다.

조슈아: 아직 대기자 명단에 있다고요? 얼마나 기다려야 하나요?

직원 1: 매년 일부 학생들이 숙소를 취소하거나 학기를 시작해도 나타나지 않는 경우가 있습니다, 하지만 다음 몇 주까지는 알 수가 없습니다.

조슈아: 만약 취소하는 경우가 없다면, 어떻게 해야 하나요?

직원 1: 글쎄요, … 그런 경우는 드뭅니다만. 그렇다면 사설 숙소를 찾아야 합니다. … 2주일 후에 다시 오시는 게 어떻겠어요? 그때쯤이면 취소된 숙소가 몇 개 있을 겁니다.

조슈아: 알겠습니다. 2주일 후에 다시 들르겠습니다.

나머지 대화를 듣기 전에 질문 15-20을 읽을 시간이 주어집니다.
(20초)
잘 듣고 질문 15-20에 답하세요.

2주일 후, 조슈아는 취소된 숙소가 있는지 확인하기 위해 숙소 사무실로 갑니다. 2주일 전에 이야기를 나누었던 직원은 없습니다. 그러나 다른 직원이 근무하고 있습니다.

조슈아: 안녕하세요.
직원 2: 안녕하세요. 어떻게 도와드릴까요?
조슈아: 학교 숙소 신청을 했습니다. 제 이름은 대기자 명단에 있고요. 2주일 전에 여기 와서 숙소에 관해 문의를 했습니다. 이름은 모르지만 이곳 여직원 한 분이 지금쯤 취소된 숙소가 있을 것이라고 제게 말해주었습니다.
직원 2: 알겠습니다. 바바라와 이야기를 했던 것 같군요. 그녀는 휴가 중이라 다음 주까지는 출근하지 않습니다. 제가 도와드리죠. 이름이 어떻게 되나요?
조슈아: 제 이름은 조 … 잠깐만요 … 여기 학생증이 있습니다.
직원 2: 고맙습니다. 이름이 조슈아 뮐러군요 … 언어학과 대학원생이고요 … (컴퓨터 키보드 치는 소리) 이름을 찾았습니다. 대기자 명단 두 번째에 있군요. 현재 취소된 숙소가 다섯 개 있습니다. 내일 이메일을 보낼 예정이었습니다.
조슈아: 잘됐군요. 어떤 종류의 방을 쓸 수 있나요 아니면 모든 방이 다 똑같은가요?
직원 2: 숙소 유형은 두 가지가 있습니다. 하나는 러셀 코트이고 다른 하나는 해밀턴 홀입니다.
조슈아: 어떤 차이가 있나요?
직원 2: 러셀 코트는 기본적인 학생 숙소입니다. 한 아파트를 6명의 학생들이 사용합니다. 집세는 주당 100파운드입니다. 모든 비용이 포함되어 있습니다. 해밀턴 홀은 대학원생을 위해 최근에 지어졌습니다. 한 아파트를 4명의 학생들이 사용합니다. 해밀턴 홀의 방은 러셀 코트의 방보다 큽니다. 그리고 해밀턴 홀의 모든 방은 욕실이 딸려 있습니다. 즉 개인용 샤워시설이 있다는 의미입니다.
조슈아: 알겠습니다. 해밀턴 홀의 방세는 얼마인가요?
직원 2: 주당 120파운드입니다.
조슈아: 제가 그중에서 선택할 수 있나요?
직원 2: 네, 할 수 있습니다. 어느 숙소를 원하시나요?
조슈아: 해밀턴 홀의 숙소로 정하겠습니다.
직원 2: 알겠습니다. 방을 예약하겠습니다. 몇 분만 기다리세요. 계약서를 프린트해야 합니다. 서명이 필요하니까요.
조슈아: 알겠습니다.

A, B, C 중 맞는 답을 고르시오.

11 조수아는 현재 어디서 머물고 있는가?
   A 사설 숙소
   B 임시 숙소
   C 집

12 조수아는 어디에서 왔는가? (어디 출신인가?)
   A 프랑스
   B 독일
   C 이태리

13 조수아는 대학원생이다. 전공은 무엇인가?
   A 언어학
   B 문학
   C 생물학

14 조수아는 언제 사무실을 다시 방문하는가?
   A 내일
   B 다음 주
   C 2주일 후

Questions 15-20

문장을 완성시키시오.
각 답안은 두 글자 이하 또는 숫자로 기록하시오.

15 2주일 전 조수아가 대화했던 직원은 _____이다.

16 조수아는 숙소 대기자 명단에서 _____이다.

17 숙소 사무실은 현재 취소된 방을 _____ 보유하고 있다.

18 해밀턴 홀은 _____ 학생들을 위해 최근에 지어졌다.

19 해밀턴 홀의 아파트는 _____ 학생들이 함께 쓰게 될 것이다.

20 해밀턴 홀의 방세는 주당 _____파운드이다.

정답
11. B 12. B 13. A 14. C
15. on holiday 16. second place 17. 5 (five) 18. postgraduate 19. 4 (four) 20. 120

Section 3

Listening Script

You will hear a lecturer talking about Ludwig van Beethoven in an art history class.
First you have some time to look at questions 21–24.
(20 seconds)
Listen carefully and answer questions 21–24.

Now, we are going to learn about one of the world's greatest composers, Ludwig van Beethoven. He was a classical pianist and composer in the late eighteenth and early nineteenth centuries.

Beethoven was born in Bonn, Germany, on December 16, 1770. He was the eldest of three children who survived into adulthood. His father Johann was a musician, who worked at a court orchestra in Bonn, where Beethoven lived until he was a young man. At an early age, Beethoven took an interest in music and his father trained him to play piano and violin. The lessons were hard and sometimes brutal, and young Beethoven was often pulled out of his bed in the middle of the night to perform for his father. For any hesitation or mistake, he had to suffer beatings.

Whether in spite of or because of his father's strict training, Beethoven showed exceptional talent as a musician from his earliest days. At age seven, Beethoven had his first public performance. However, although he played impressively, his performances received little attention in the press. Beethoven attended a Latin school. At school he was at best an average student. In fact, the musical prodigy struggled with sums and spelling for his whole life. As he once put it himself, "Music comes to me more readily than words."

In 1781, when he was 10 years old, he left school to study music full time. His new teacher was Christian Neefe, the court organist, who taught Beethoven to play the organ. He also helped Beethoven produce some of his first works. Beethoven published his first official composition − a set of piano variations at the age of 12.

In 1787, when he was 17 years old, Beethoven went to Vienna, hoping to study with Mozart. However, after only a few weeks in Vienna, Beethoven received a letter telling him that his mother had fallen ill and had to return home. She died soon afterwards. Remaining in Bonn, Beethoven took care of his two brothers and continued to serve as the city's court musician.

Before you hear the rest of the lecture, you have some time to look at questions 25–30.
(20 seconds)
Now listen and answer questions 25–30.

In 1792, Beethoven left Bonn for Vienna to study with Haydn. Mozart had passed away a year earlier. Beethoven stayed in Vienna for the rest of his life, never to return to his hometown. In Vienna, Beethoven dedicated himself to making music with the most eminent musicians of the day. Although not yet known as a composer, he established his reputation as a masterly pianist and won many patrons who provided him with lodging and funds.

In April 1800, Beethoven debuted his 'Symphony No. 1' at the Royal Imperial Theatre in Vienna. The piece of music made him one of the most celebrated composers in Europe. Beethoven continued to compose his music piece by piece. His compositions of the day marked him as a virtuoso composer with musical maturity. By the time he was beginning to find success as a composer, Beethoven realized that his hearing began to deteriorate. However, the tragedy could not stop him. He knew that he still had many other musical domains to explore and he carried on.

His deafness broke out in 1798. By 1801 he had lost more than half of his hearing. In 1816, at age 46, Beethoven could no longer hear at all. Even after he was completely deaf, Beethoven continued to create some of his best work, including his Ninth Symphony, which is believed to be one of the greatest works in the western music history. Beethoven was always ill, and his illness became worse during the last few years of his life. He had suffered from a long list of illness such as deafness, colitis, rheumatism, rheumatic fever, chronic hepatitis and so on. Beethoven died on March 27, 1827 when he was 56 years old.

During his life, Beethoven fell in love with a few women but never married and had no children. He was short, not very handsome and had a bad temper. Nevertheless, Beethoven had many close friends and enjoyed relationships with many famous contemporary musicians. As a talented musician, he was also well respected by the public. At his funeral more than 20,000 people filled the streets.

Today, Beethoven is regarded as one of the greatest composers the world has ever had. In total, he composed 138 pieces throughout his lifetime. His best known compositions are the Fifth Symphony and the Ninth Symphony. He also composed 32 piano sonatas and 16 string quartets, as well as other chamber music, choral works and songs.

(Vocabulary)

survived into adulthood 어른으로 성장한 즉, 어릴 때 죽지 않은   exceptional talent 예외적 재능, 뛰어난 재능
receive attention in the press 언론의 주목을 받다   sums 계산, 산수   piano variations 피아노 변주곡
court musician 궁정 음악가, 악공   patron 후원자   virtuoso 거장, 대가   colitis 대장염   rheumatic fever
류마티스성 열   chronic hepatitis 만성 간염   string quartets 현악 4 중주   chamber music 실내악

해석 및 정답

여러분은 음악사 수업에서 루트비히 반 베토벤에 관한 강의를 듣게 될 것입니다.
먼저 여러분에게 질문 21-24를 읽을 수 있는 시간이 주어집니다.
(20초)
잘 듣고 질문 21-24에 답하세요.

이제 우리는 세계에서 가장 유명한 작곡가들 중의 한 사람인 루트비히 반 베토벤에 관하여 배울 것입니다. 그는 18세기 말과 19세기 초의 고전 음악 피아노 연주자이며 작곡가였습니다.

베토벤은 독일 본에서 1770년 12월 16일 태어났습니다. 그는 어릴 때 살아남은 세 아이의 맏이였습니다. 그의 아버지 요한은 베토벤이 성장할 때까지 살았던 도시인 본의 궁정 오케스트라에 속했던 음악가였습니다. 어린 시절 베토벤은 음악에 흥미를 가졌고 그의 아버지는 베토벤에게 피아노와 바이올린을 가르쳤습니다. 그 교육은 엄했고 때로는 잔혹하기까지 했습니다. 어린 베토벤은 종종 자정에 침대에서 끌려나와 그의 아버지 앞에서 연주를 해야 했습니다. 주저하거나 실수를 하면 매를 맞았습니다.

그의 아버지의 엄한 훈련에도 불구하고 또는 그 엄한 교육 때문이었는지 베토벤은 어린 시절 음악에 뛰어난 재능을 보였습니다. 일곱 살이 되었을 때, 베토벤은 그의 첫 공연을 했습니다. 그러나 우수한 연주를 했음에도 크게 언론의 주목을 받지는 못했습니다. 베토벤은 라틴어 학교에 다녔습니다. 학교에서는 그저 평범한 학생이었습니다. 사실 이 음악의 천재는 평생 산수와 철자법에 서툴렀습니다. 언젠가 그는 "내게는 음악이 말보다 훨씬 더 쉬웠다"라고 말했습니다.

1781년 그가 10세가 되었을 때, 베토벤은 학교를 그만두고 음악 교육에 전념하였습니다. 그의 새로운 선생님은 궁정의 오르간 연주자인 크리스찬 네프였습니다. 그는 베토벤에게 오르간 연주를 가르쳤고 또한 베토벤이 첫 작곡을 할 수 있게 도움을 주었습니다. 베토벤은 12세의 나이에 그의 첫 공식적인 작품인 일련의 피아노 변주곡을 발표했습니다.

1787년 그가 17세가 되었을 때, 베토벤은 모차르트와 함께 공부를 하는 희망을 안고 비엔나로 갑니다. 그러나 비엔나에서 몇 주가 지나지 않아 그의 어머니가 병에 걸렸다는 편지를 받고 고향으로 돌아가야 했습니다. 그의 어머니는 곧 세상을 떠났습니다. 베토벤은 본에 남아서 두 동생들을 돌보며 계속해서 본의 궁정 음악가로 일했습니다.

나머지 대화를 듣기 전에 질문 25-30을 읽을 시간이 주어집니다.
(20초)
잘 듣고 질문 25-30에 답하세요.

1792년 베토벤은 본을 떠나 비엔나로 가서 하이든과 함께 공부를 합니다. 모차르트는 1년 전에 세상을 떠났습니다. 베토벤은 이후 평생을 비엔나에 머물며 고향으로 돌아가지 않습니다. 비엔나에서 베토벤은 당대의 가장 유명한 음악가들과 함께 작곡에 전념합니다. 아직 작곡가로는 알려지지 않았지만, 그는 뛰어난 피아노 연주자로서의 명성을 확립하고 그에게 숙식과 금전적 혜택을 제공하는 많은 후견인을 확보하게 됩니다.

1800년 4월, 베토벤은 비엔나의 왕립 극장에서 1번 교향곡으로 첫 작품 발표 공연을 합니다. 이 음악 작품은 베토벤을 유럽의 가장 유명한 작곡가 중의 한 사람으로 만들었습니다. 베토벤은 그의 음악을 한 편씩 계속 작곡했습니다. 당시의 그의 작품들은 그가 음악적으로 성숙한 작곡의 거장임을 나타냅니다. 그가 작곡가로서 성공하기 시작했을 즈음, 베토벤은 자신의 청각이 나빠지기 시작한다는 것을 깨닫게 됩니다. 그러나 그 비극도 그를 멈추지 못했습니다. 그는 여전히 자신이 개척해야 할 음악적 영역이 있음을 알고 있었고 또 그 일을 계속했습니다.

그의 청각 장애는 1798년에 시작되었습니다. 1801년, 그는 자신의 청각을 절반 이상 잃었습니다. 1816년 그가 46세였을 때, 그는 더 이상 전혀 들을 수가 없었습니다. 그가 완전히 청력을 상실했을 때에도 베토벤은 9번 교향곡을 포함한 자신의 최고작들을 작곡했습니다, 9번 교향곡은 서양 음악사에서 가장 위대한 작품들 중의 하나로 믿어지고 있습니다. 베토벤은 언제나 몸이 아팠습니다 그리고 그의 생의 마지막 몇 년 동안은 그 상태가 더욱 심했습니다. 그는 청각 상실, 대장염, 류마티즘, 류마티스성 열, 그리고 만성 간염 등 여러 가지 많은 질병으로 고통을 받았습니다. 베토벤은 1827년 3월 27일 56세의 나이로 사망합니다.

그의 생애 동안 베토벤은 몇 명의 여성들과 사랑에 빠졌지만 결혼은 하지 않았었고 자식도 없었습니다. 그는 키가 작고, 미남도 아니었으며, 또한 성질도 사나웠습니다. 그럼에도 불구하고 그는 많은 가까운 친구들이 있었고 당대의 유명한 음악가들과 교우관계를 즐겼습니다. 또한 재능 있는 음악가로서 그는 대중의 존경도 받았습니다. 그의 장례식 날 20,000명이 넘는 사람들이 거리를 메웠습니다.

오늘날, 베토벤은 이 세상에 존재했던 가장 위대한 작곡가들 중의 한 사람으로 간주됩니다. 그는 평생동안 138편의 곡을 작곡했습니다. 그의 가장 잘 알려진 작품은 5번 교향곡과 9번 교향곡입니다. 그는 또한 많은 실내악과 합창 음악과 함께, 32편의 피아노 소나타 그리고 16편의 현악 4중주곡을 작곡했습니다.

Questions 21–24

질문 21–24에 적합한 답을 A–E에서 찾아 기록하시오.

A 베토벤은 모차르트를 만났다.
B 베토벤의 어머니가 병에 걸렸다.
C 베토벤은 그의 첫 공연을 했다.
D 베토벤은 음악에 전념하기 위해 학교를 그만두었다.
E 베토벤은 자신의 첫 공식 작곡 작품을 발표했다.

---

21 그가 7세였을 때, _____

22 그가 10세였을 때, _____

23 그가 12세였을 때, _____

24 그가 17세였을 때, _____

Questions 25–30

A, B, C에서 맞는 답을 선택하시오.

25 몇 년도에 베토벤은 하이든과 공부하기 위해 본을 떠나 비엔나로 갔는가?
   A 1770
   B 1787
   C 1792

26 어떤 음악 작품이 베토벤을 유럽의 가장 유명한 작곡가중의 한 사람으로 만들었는가?
   A Symphony No. 1
   B Symphony No. 5
   C Symphony No. 9

27 몇 년도에 베토벤의 청각 장애가 발생하였는가?
   A 1798
   B 1800
   C 1816

28 베토벤이 완전히 청력을 상실했을 때 그의 나이는 몇 살이었는가?

A 46

B 48

C 51

29 베토벤은 몇 살에 사망했는가?

A 52

B 56

C 58

30 베토벤은 자신의 생애 동안 몇 편의 피아노 소나타를 작곡했는가?

A 32

B 16

C 38

Section 4

Listening Script

You are attending a lecture on science and will hear a talk on the topic of black holes. First you have some time to look at questions 31–40.
(20 seconds)
Listen carefully and answer questions 31–40.

Have you ever heard of a black hole? A black hole is not a hole in the ground but a place in space. Scientists agree that the black hole is one of the most incredible objects in the Universe. A black hole acts like a vacuum cleaner. In fact, it is like an incredibly strong vacuum cleaner without noise. If anything stands near a black hole, it is pulled into it. However, unlike a vacuum cleaner, it is not suction power that makes things fall into a black hole. It uses a gravitational power to pull things towards it.

The gravitational power of a black hole distorts space and time in its vicinity. The closer you get to a black hole, the slower time runs. Material that gets too close to a black hole falls in and nothing – not even light can escape from it. Because no light can get out of a black hole, it is invisible and we cannot see it. We can only notice its presence by measuring its effects on objects around it. Stars near black holes act differently than other stars and we detect the difference only with space telescopes with special equipment.

Then, how is a black hole created? A black hole is formed when a large star dies. When a star runs out fuel, it can no longer support itself. The star's gravity causes it to collapse and then it explodes. What is left after the explosion is either a neutron star or a black hole.

Only stars with very large masses can become black holes. For instance, our sun is not big enough to become a black hole. When the sun runs out of all the available energy, it will die a quiet death. A star which is about 20 times larger than the sun may produce a black hole at the end of its life.

Black holes came in many sizes. According to theory, there are three types of black holes: miniature black holes, stellar black holes, and super massive black holes. They are classified by their masses.

Miniature black holes are the smallest in size and would have a mass smaller than that of the sun. The miniature black holes have not been found yet, but it is possible that they could have formed shortly after the Big Bang.

Stellar black holes are made when massive stars collapse. Their sizes are commonly in the range of 10 to 100 solar masses.

Supermassive black holes exist in the centres of most galaxies. They are the largest and can have a mass equivalent to millions or billions of solar masses. Exactly how supermassive black holes form is still unknown, but scientists believe that they could probably be a byproduct of galaxy formation.

Black holes lead isolated lives and are very difficult to detect. Approximately one out of every thousand stars in the galaxy is large enough to form a black hole.

According to a study, our Milky Way galaxy contains a minimum of 100 billion planets. Therefore, scientists estimate that there are about 100 million stellar black holes in the galaxy. However, most of them are invisible to us and only about a dozen of them have been identified. The closest known black hole is a stellar mass black hole in our galaxy. It is thought to lie at about 1,600 light years from Earth. The largest black hole ever discovered has a mass equivalent to 17 billion suns and is located about 250 million light years from Earth.

Nothing can last forever, and black holes also have a life span. According to Stephen Hawking, black holes radiate energy over vast periods of time. This radiation is called Hawking radiation. As a black hole sends out energy, it becomes smaller in size. The more energy it sends out, the smaller it becomes and finally it will fade out. However, the timescale for this process is extremely long. In fact, it will take way longer than the current age of the universe before any black hole can actually emit all its energy. For instance, a black hole that is the mass of the sun will take a billion times more than the age of the universe to evaporate completely.

That is the end of section 4. You now have half a minute to check your answers.
(30 seconds)

That is the end of the listening test. You now have 10 minutes to transfer your answers to the listening answer sheet.

Vocabulary

gravitational 중력의 vicinity 인근, 부근 neutron star 중성자별 miniature 아주 작은, 소형의 stellar 별의, 항성의 equivalent to … 와 상응하는 Big Bang 빅뱅(우주 생성의 시발이 된 것으로 여겨지는 대폭발) evaporate 증발하다, 사라지다

해석 및 정답

여러분은 과학 수업에 참석하여 블랙홀을 주제로 한 강의를 듣게 될 것입니다.
먼저 여러분에게 질문 31-40를 읽을 수 있는 시간이 주어집니다.
(20초)
잘 듣고 질문 31-40에 답하세요.

여러분은 블랙홀에 관해 들어보았나요? 블랙홀은 땅에 있는 구멍이 아니라 우주의 한 장소입니다. 과학자들은 블랙홀이 우주에서 가장 놀라운 물체 중의 하나라는 데 동의합니다. 블랙홀은 진공청소기처럼 작용합니다. 사실 그것은 소리가 나지 않는 엄청나게 강한 진공청소기입니다. 무엇이건 블랙홀 근처에 가기만 하면 안으로 당겨지게 됩니다. 그러나 진공청소기와는 달리 블랙홀 안으로 떨어지게 하는 것은 빨아들이는 힘이 아닙니다. 블랙홀 안에서 당기는 힘은 중력입니다.

블랙홀의 중력은 근처의 공간과 시간을 변형시킵니다. 블랙홀로 가까이 갈수록 시간은 더 천천히 움직입니다. 블랙홀에 가까이 가는 물질은 블랙홀 안으로 떨어지게 되고 어느 것도, 심지어 빛조차도 빠져나오지 못합니다. 빛이 블랙홀 밖으로 빠져나오지 못하기 때문에, 블랙홀은 눈에 보이지 않아 우리는 그것을 볼 수 없습니다. 우리는 단지 블랙홀 주변 물질이 받은 영향을 측정함으로써 그 존재를 파악할 수 있을 뿐입니다. 블랙홀 근처에 있는 별들은 다른 별들과 다르게 움직입니다 그리고 우리는 특별한 장치가 된 우주 망원경으로만 그 차이를 식별합니다.

그렇다면 블랙홀은 어떻게 만들어질까요? 블랙홀은 거대한 별이 죽을 때 형성됩니다. 어떤 별이 연료를 다 소모했을 때, 더이상 스스로를 지탱할 수 없게 됩니다. 이 별의 중력이 별을 붕괴시키면서 폭발하게 됩니다. 폭발 후에 남은 것이 중성자 별이나 블랙홀이 됩니다.

매우 거대한 질량의 별만이 블랙홀이 될 수 있습니다. 예를 들면 우리 태양은 블랙홀이 될 수 있을 만큼 크지 않습니다. 태양이 모든 에너지를 다 소모하게 되면 조용히 임종을 맞이할 것입니다. 태양의 약 20배 크기의 별이면 수명이 다했을 때 블랙홀이 될 수 있습니다.

블랙홀의 크기는 여러 가지입니다. 이론적으로, 세 가지 유형의 블랙홀이 있습니다: 소형 블랙홀, 항성 블랙홀, 그리고 초대형 블랙홀의 세 가지입니다. 이들은 질량의 크기로 구분됩니다.

소형 블랙홀은 크기가 가장 작으며 태양보다 적은 질량을 갖습니다. 소형 블랙홀은 아직 발견되지는 않았지만, 빅뱅 직후에 형성되었을 가능성이 있습니다.

항성 블랙홀은 거대한 별이 붕괴할 때 만들어집니다. 이들의 크기는 대개 태양 질량의 10배에서 100배 사이입니다.

초대형 블랙홀은 대부분의 은하계 중심에 존재합니다. 이들은 가장 큰 블랙홀이며 태양의 수 백만에서 수십억 배에 달하는 질량을 갖고 있습니다. 초대형 블랙홀이 정확히 어떻게 형성되는지는 아직 알려지지 않았습니다, 그러나 과학자들은 은하계 형성의 부산물일 것으로 믿고 있습니다.

블랙홀은 고립되어 있으므로 발견하기가 매우 어렵습니다. 은하계의 약 천 개의 별들 중 하나가 블랙홀이 될 수 있을 만큼 큽니다.

한 연구에 의하면, 우리 은하계는 최소 천억 개의 혹성을 포함하고 있습니다. 그러므로 과학자들은 은하계에 약 일억 개의 항성 블랙홀이 있는 것으로 추정합니다. 그러나 이들 대부분은 우리 눈에 보이지 않으며, 이들 중 약 12개 정도만 확인되었습니다. 가장 가까운 것으로 알려진 블랙홀은 은하계의 항성 블랙홀입니다. 이것은 지구에서 약 1,600광년 떨어진 곳에 있는 것으로 생각됩니다. 지금까지 발견된 가장 큰 블랙홀은 태양의 170억 배 질량을 갖고 있으며 지구에서 약 2억 5천만 광년 떨어진 거리에 위치해 있습니다.

어느 것도 영원히 지속할 수는 없습니다. 그리고 블랙홀 또한 수명이 있습니다. 스티븐 호킹에 의하면, 블랙홀은 매우 긴 시간 동안 에너지를 방출합니다. 이 방사선은 호킹 방사선으로 불립니다. 블랙홀은 에너지를 방출하면서 크기가 줄어듭니다. 더 많은 에너지를 방출할수록, 블랙홀은 더 작아지면 마침내 소멸하게 됩니다. 그러나 이 과정의 기간은 엄청나게 깁니다. 사실 어떤 블랙홀이 자신의 모든 에너지를 방출하기까지는 우주의 현재 나이보다 더 긴 시간이 걸립니다. 예를 들면, 태양 크기의 블랙홀이 완전히 소멸하기까지는 우주 나이의 10억 배 이상의 시간이 걸립니다.

섹션 4가 끝났습니다. 여러분에게 답안을 확인할 수 있는 30초가 주어집니다.
(30초)

청취력 테스트가 끝났습니다. 여러분에게 답안을 답안지에 옮길 수 있는 시간 10분이 주어집니다.

Questions 31–34

아래 문장을 완성시키시오.
각 답안은 한 글자 또는 숫자로 기록하시오.

31 블랙홀로 물체를 끌어들이기 위해 _____의 힘을 이용한다.

32 블랙홀에 가까이 갈수록 _____은 더 천천히 움직인다.

33 빛이 빠져나올 수 없기 때문에 블랙홀은 _____.

34 태양보다 약 _____배 이상 큰 별은 수명이 다했을 때 블랙홀이 될 수 있다.

Questions 35–40

어떤 블랙홀이 다음과 같은 특징을 갖고 있는가?
질문 35–40 다음에 적합한 글자 A, B, C를 기록하시오.

블랙홀
A 항성 블랙홀
B 초대형 블랙홀
C 소형 블랙홀

35 태양보다 적은 질량을 가지고 있다.

36 빅뱅 직후 탄생했다.

37 거대한 별이 붕괴하면 형성된다.

38 태양 질량의 10배에서 100배의 크기이다.

39 은하계의 중심부에 존재한다.

40 은하계 형성의 부산물이다.

정답
31. gravitational   32. Time   33. Invisible   34. 20 (twenty)
35. C   36. C   37. A   38. A   39. B   40. B

참고 자료

Part 3

Actual Test Section 3   p 211

https://en.wikipedia.org/wiki/Ludwig_van_Beethoven

https://www.biography.com/people/ludwig-van-beethoven-9204862

http://www.notablebiographies.com/Ba-Be/Beethoven-Ludwig-van.html

https://www.biography.com/people/ludwig-van-beethoven-9204862

https://www.youtube.com/watch?v=ms9tyNKtjcs

https://cordis.europa.eu/news/rcn/35175_en.html

Actual Test Section 4   p 217

https://en.wikipedia.org/wiki/Black_hole

https://en.wikipedia.org/wiki/Hawking_radiation

https://www.space.com/18668-biggest-black-hole-discovery.html

https://www.esa.int/esaKIDSen/SEM0V1BE8JG_OurUniverse_0.html

http://curious.astro.cornell.edu/people-and-astronomy/87-the-universe/black-holes-and-quasars/formation-and-evolution-of-black-holes/447-do-black-holes-die-if-so-how-beginner